歴史文化ライブラリー
234

源氏と坂東武士

野口 実

吉川弘文館

目　次

院政期の源氏と坂東

鎌倉幕府の草創

1　頼朝，鎌倉に入る

頼朝、鎌倉に入る——プロローグ

鎌倉殿頼朝

今を遡《さかのぼ》ること八百二十余年の昔、治《じ》承《しょう》四年（一一八〇）十月六日、三十四歳の源《みなもとの》頼朝《よりとも》は弱冠十七歳（数え年、以下同じ）の畠山《はたけやま》次郎《じろう》重忠《しげただ》を先陣とし、後陣は老練な六十三歳の千葉介《ちばのすけ》常胤《つねたね》に勤めさせ、数万騎の軍勢を従えて相模国《さがみのくに》に入った。石橋山《いしばしやま》で大庭《おおば》三郎《さぶろう》景親《かげちか》の率いる平家軍に大敗してからわずか四十日余。これはこの大軍を率いた頼朝にとっても奇跡としか思えなかったに違いなかろう。

鎌倉に入った頼朝は、翌七日、まず由比郷《ゆいのごう》（現在の材木座《ざいもくざ》のあたり）にあった八幡宮を遥拝《ようはい》し、ついで、亡き父義朝《よしとも》の館《たて》（「鎌倉之楯」）のあった亀谷《かめがやつ》に赴いて、みずからもここに居館を構えようとした。ところが、土地が狭い上に、相模の武士岡崎四郎義実《よしざね》（六十九

図１　源頼朝坐像（山梨県・善光寺所蔵）

歳）の手によってここに義朝の供養《くよう》の堂が建てられていたので、別の場所を選地することとなった。九日には地元の武士で弟の景親とは袂《たもと》を分かって頼朝のもとに候《こう》じていた大庭平太景能《かげよし》を奉行《ぶぎょう》として大蔵郷《おおくらのごう》の地に新館の作事が始まる。

十一日、挙兵以来別れ別れになっていた二十四歳の妻、政子《まさこ》を伊豆から迎えた頼朝は、翌十二日には由比の八幡宮を大蔵の西方に位置する小林郷の北山に遷《うつ》し、鎌倉の中心に据えた。これが、現在の鶴《つるが》岡八幡宮《おかはちまんぐう》の始まりである。

このようにして、鎌倉は坂東《ばんどう》の武家政権の首都としての体裁を整えていった。そして、都から下ってきた平家の追討軍を富士川に破り、転じて常陸《ひたち》の奥七郡《おくしちぐん》に盤踞《ばんきょ》する佐竹《さたけ》氏を討って、いよいよ坂東の主としての立場を鮮明にした頼朝は、十二月十二日、新造なった大蔵館《おおくらのたち》に移徙《いし》の儀を行った。

この時、出仕した御家人は三百十一人。十八間《けん》の侍所《さむらいどころ》に別当《べっとう》和田小太郎義盛《よしもり》（三十四歳）を中央に二行に対座した。鎌倉幕府の編纂した歴史書『吾妻鏡《あずまかがみ》』は、この日の条に「それより以降、東国みなその有道《うどう》（道理のあるさま）を見、推して鎌倉の主となす」と記している。ここに、鎌倉殿頼朝をいただく、坂東の武士による地方軍事政権が成立したのである。

これが、日本における王朝政府から自立した武家政権（多くは「幕府」という形をとる）の始まりであり、以来、頼朝がその創始者として崇《あが》めたてまつられることとなるのは周知の通りである。

御曩跡

ところで、頼朝が鎌倉に入った理由について『吾妻鏡』は、石橋山敗戦後、安房《あわ》に逃れてきた頼朝が、下総《しもうさ》の千葉介常胤のもとに側近の藤九郎盛長《とうくろうもりなが》を遣わして参向を求めた際に常胤が発した以下の発言を伝えている。

当時の御居所はさせる要害の地にあらず、また御曩跡《ごのうせき》にあらず、すみやかに相模国鎌倉に出《いで》しめ給うべし。（治承四年九月九日条）

「要害」の地であるということについては、確かに鎌倉は三方は山、一方は海という守るに都合の良いところであり、また水陸交通の要衝に位置することは、歴史地図でも参照すれば一目瞭然のことであろう。余談だが、私は以前、羽田発—鹿児島行の飛行機の窓か

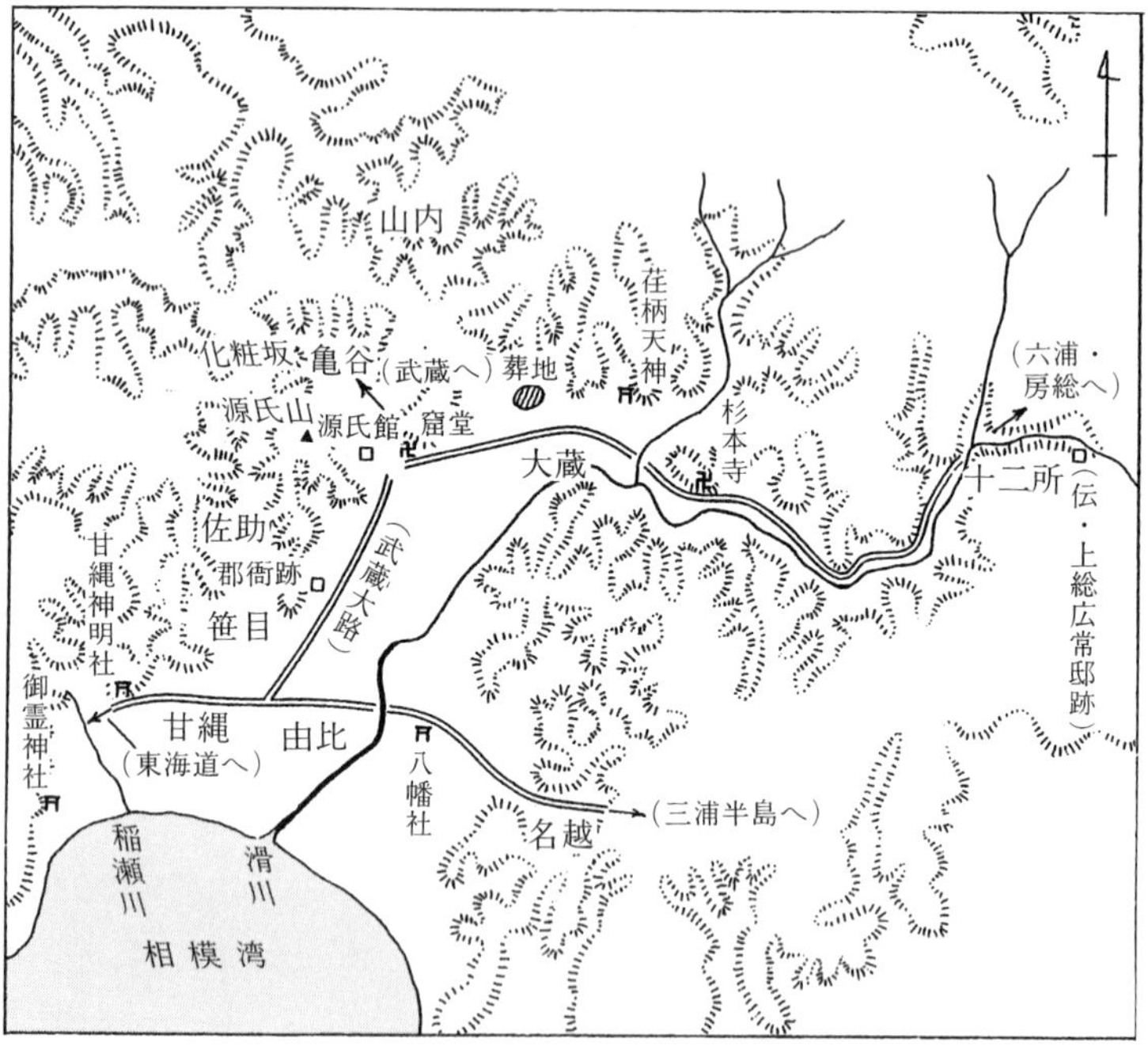

図2　平安時代末期の鎌倉

ら三浦半島の付け根に鎌倉を発見したとき、この地が東国支配の本拠地に選ばれた理由を一瞬にして納得させられたことがある。

もう一つの「御嚢跡（所縁のある土地）」については、前述のように、ここ鎌倉にはすでに頼朝の父義朝の館があったこと、さらにそれ以前、義朝の高祖父・曾祖父にあたる頼《より》義《よし》・義家《よしいえ》が石清水《いわしみず》八幡宮を勧請《かんじよう》したり、社殿を修理したことが『吾妻鏡』（同年十月十二日条）に記されている。

十二世紀の半ばごろ、義朝は相模《さがみ》・武蔵《むさし》や房総の武士団を統合する動きを示し、また頼義・義家は十一世紀の後半、前九年《ぜんくねん》合戦や後三年《ごさんねん》合戦に際して坂東の武士たちを率いて奥《おう》羽《う》の地で戦った。かつて坂東の武士たちを率いた先祖たちの後継者たらんとする頼朝の意志が鎌倉を本拠に選んだ大きな理由になったことは間違いないだろう。

では、頼朝の先祖と坂東の武士たちとの関係はいかなるものであったのか、そしてそれは頼朝の覇業にどのような意味をもったのだろうか。

武門源氏の成立

源氏の坂東進出

清和源氏か陽成源氏か

頼朝の先祖を遡《さかのぼ》ってみて、武士として初めて坂東《ばんどう》で活動したことが知られるのは源経基《みなもとのつねもと》である。経基は、通説では清和《せいわ》天皇の皇子、貞純《さだずみ》親王の子で、経基王と称していたが、「源朝臣《みなもとのあそん》」の氏姓を賜って武門としての清和源氏の祖となったとされている人である。

しかし、その清和源氏説を掲げる代表的史料である『尊卑分脈《そんぴぶんみやく》』（南北朝～室町時代の編纂）の記事によって清和天皇以下の生没年を算定してみると、貞純親王は清和天皇が四歳の時の子となってしまう。また、経基王が貞純親王の死没の翌年に生まれたというのはあり得ることだが、経基の子である満仲《みつなか》が父よりも四歳年長というのではお話にならない。

一方、経基の孫にあたる頼信《よりのぶ》が河内国《かわちのくに》誉田《こんだ》山陵《さんりょう》に捧げた願文《がんもん》（「河内守源頼信告文案《こうもんあん》」『平安遺文』六四〇号）によると、経基は陽成《ようぜい》天皇の皇子、元平《もとひら》親王の子ということになっていて、これなら矛盾はない。この願文には鎌倉時代の写本で体裁が異様であるなどという難点があるものの、どう考えても陽成天皇説に軍配を上げざるを得ないというのが、明治・大正期における考証史学の泰斗《たいと》として知られる星野恒《ひさし》氏や私の恩師、貫達人《ぬきたつと》氏の見解である（星野「六孫王ハ清和源氏ニ非サル考」『史学雑誌』第十一編第二・三号、一九〇〇年。貫「武士の登場と源平二氏の動き」彌永貞三編『図説日本の歴史 五 貴族と武士』集英社、一九七四年）。

貫氏はさらに、清和源氏説成立が早くても保元《ほうげん》の乱のころまでにしか遡らないことを踏まえて、武門源氏が摂関家との良好な関係の継続を主張するために、摂政藤原基経《せっしょうふじわらのもとつね》とウ

図3　武門源氏系図

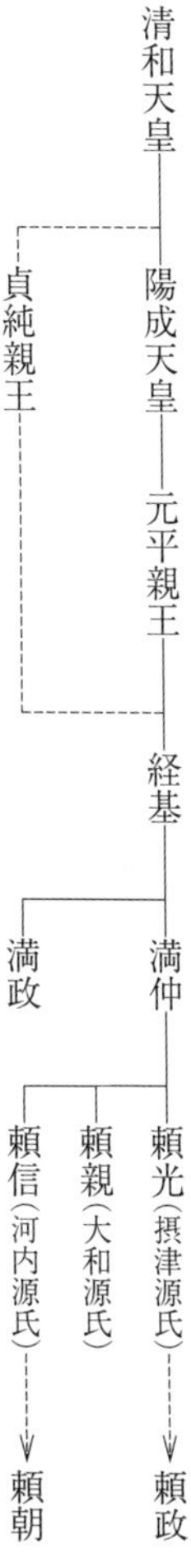

注1　「河内守源頼信告文案」『平安遺文』六四〇号による。
2　点線部分は『尊卑分脈』による。

マが合わず、また天皇として忌むべき行為のあった陽成を避け、基経の養父、良房《よしふさ》を初めて摂政に任じたことなどから藤原氏のウケのよかった清和を直接の先祖とするにいたったのではないかと述べ、また、家業の固定化という当時の考え方からしても、退位してから鷹狩りなど武張ったことを好んだ陽成こそ武門源氏の祖にふさわしい、という推測を加えている（「八幡神と源氏」『国史大辞典』第十一巻付録『史窓夜話』11、一九九〇年。「武士の登場と源平二氏の動き」）。

保元の乱直前のころの武門源氏の存在基盤が、摂関家の家産機構に大いに依拠するものであったとする最近の研究動向に照らしても、貫説はするどく正鵠《せいこく》を射たものと考える。しかし、すでに頼朝もみずから清和源氏を称したことが明らかであり、また、今日において「武門源氏は清和源氏」という理解が一般であることから、今の段階で、わざわざそれをいい換える必要はあるまい。

平将門の乱における経基

天慶《てんぎょう》二年（九三九）、源経基は武蔵介《むさしのすけ》として任地に赴いていた。当時、武蔵国では権守興世王《ごんのかみおきよおう》と足立郡司武蔵武芝《あだちぐんじむさしのたけしば》が紛争を起こしており、これに介入して調停にあたっていたのが隣国下総《しもうさ》にいた平将門《たいらのまさかど》であった。将門の調停はうまくいって両者の講和は成ったのだが、経基は上司の興世王と将門が武芝と結託して自分を殺そうとしているのではないかと疑い、京都に逃げのぼって、太政官に将門らが謀叛《むほん》を企てていると密告した。『将門記《しょうもんき》』は、この時の経基について「未だ兵《つわもの》の道に練れず」と酷評しているが、朝廷は将門からの釈明を得て、経基の告発を誣告《ぶこく》と判断し、経基は左衛門府《さえもんふ》に拘禁《こうきん》されている。

のちに坂東の覇者となり、武家の棟梁《とうりょう》を輩出する武門源氏の祖にしては、いささか惨

図4　桓武平氏系図

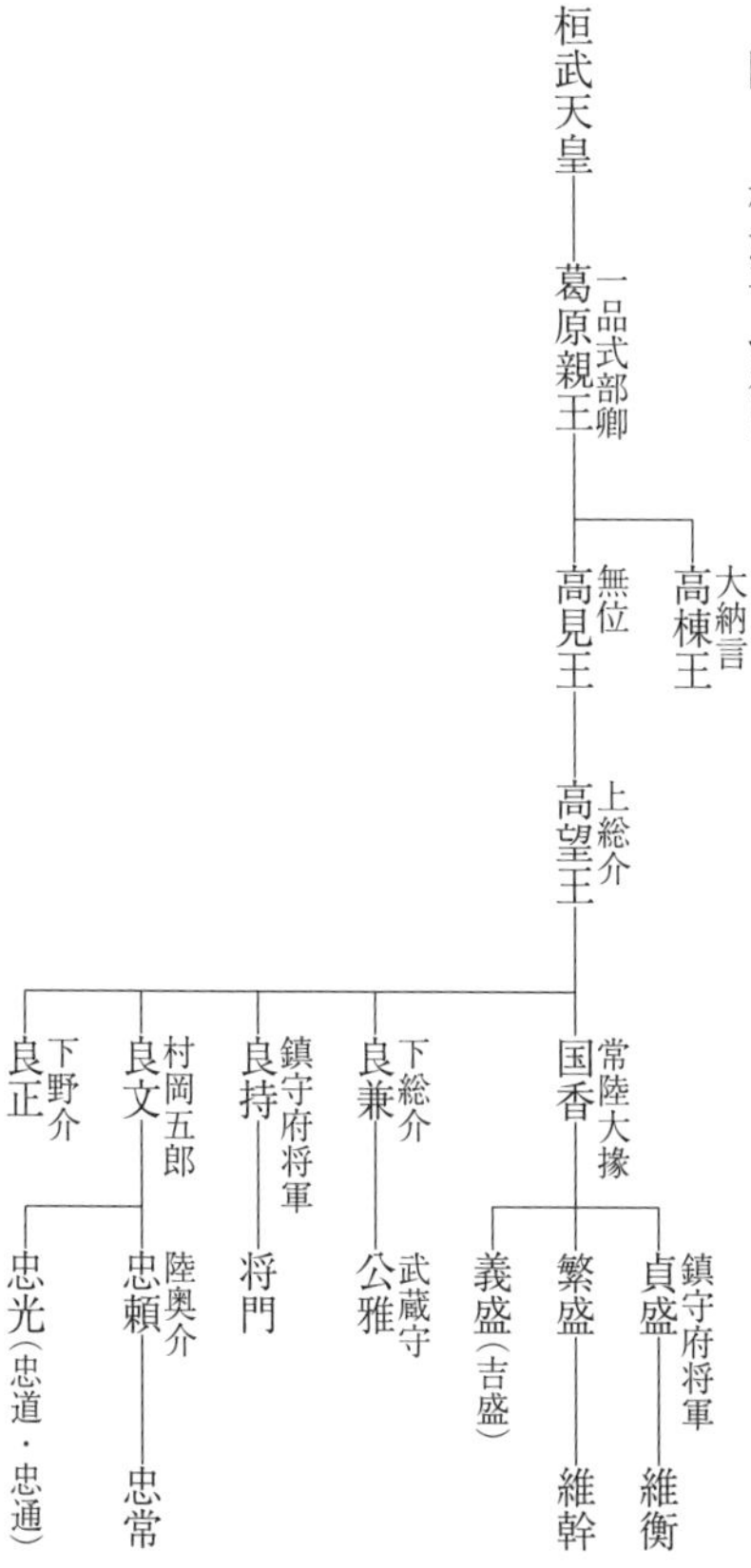

めな有様ではあったが、しかし、治安の乱れた坂東の中で要国である武蔵国の介《すけ》（国司の次官）に任じられて、実際に赴任しているところをみると、経基が軍事貴族として都では名の知られた存在であったことは想像に難くない。そのことは、経基の密告が結果的に事実とみとめられ、その功によって従五位下《じゅごいのげ》に叙せられた後、征東副将軍に任ぜられ、さらに藤原純友《すみとも》追討にも起用されたことからも、うかがうことができる。

天慶四年九月、警固使《けいごし》・大宰府《だざいふ》権少弐《ごんのしょうに》たる経基は、豊後国海部郡《あまべぐん》佐伯院《さいきいん》（大分県佐伯市）の合戦で賊将の一人、桑原生行《くわばらのなりゆき》を捕らえ、ようやく武者としての風貌を顕してくるのである。

平将門・藤原純友の両乱（承平《じょうへい》・天慶《てんぎょう》の乱）における功労者の子孫は、国家の武力として重く登用《とうよう》されて、「都の武者」（中央軍事貴族）としての家格と家門を形成することになる。特に経基の子の満仲《みつなか》は『続本朝往生伝《ぞくほんちょうおうじょうでん》』に一条朝における武者の代表者の筆頭にあげられている。武門源氏が摂関家と強い関係を結ぶのも彼の代からである。

満仲・満政兄弟と武蔵国

安和《あんな》の変（安和二年〈九六九〉）は、藤原氏北家《ほっけ》による他氏排斥の最後の事件として知られる。この事件は源満仲らの密告によって公然化したものだが、その結果、満仲はライバルであった藤原千晴《ちはる》を失脚させることに成功している。千晴は平将門の乱鎮圧の第一の功労者である藤原秀郷《ひでさと》の子で、藤原氏北家の標的となった左大臣源高明《たかあきら》に仕えていたのである。

満仲と千晴は都で活躍する軍事貴族として競合していたのだが、そればかりでなく両者の間には武蔵国における勢力争いも惹起《じゃっき》されていた。

武蔵は信濃《しなの》や甲斐《かい》と並んで名馬を産する多くの牧《まき》があり、また東山道《とうさんどう》と東海道《とうかいどう》を結ぶ陸上交通と内海（東京湾）に接続する河川交通路が縦横に交錯する交通の要衝であり、軍事貴族にとっては特別に魅力的な国であったものと思われる。

図５　源満仲画像（兵庫県・多田神社所蔵）

安和の変の発端となった密告を行ったのは満仲と藤原善時《よしとき》である。このとき満仲は左馬《さまの》助《すけ》、善時は前武蔵介《さきのむさしのすけ》であった。満仲が牧と関係の深い馬寮《めりょう》の助《すけ》（次官）、また善時の系譜は不明だが、彼がほかならぬ武蔵国の介《すけ》の経歴をもっていたことに注目しておきたい。

満仲の父、経基が、平将門の乱のころ、武《むさ》蔵介《しのすけ》であったことは前述したところだが、満仲自身も応和《おうわ》元年（九六一）に武蔵権守《ごんのかみ》に任じていたことが『扶桑略記《ふそうりやっき》』（同年五月十日条）から明らかである。また、『尊卑分脈』には彼の官歴に武蔵介・武蔵守《むさしのかみ》がみえ、その母を武蔵守藤原敦有《あつあり》（敏有《としあり》）の娘としている。さらに、同書は彼の同母弟の満政《みつまさ》（満正）・満季《みつすえ》も武蔵守に任じたと伝え、特に満政は「村岡大夫《むらおかのたいふ》」と称したとされる。村岡は同国大里郡《おおさとぐん》村岡（埼玉県熊谷市）に比定されよう。満政が武蔵守に在任したことは、藤原行成《ゆきなり》の日記『権記《ごんき》』長徳《ちょうとく》三年（九九七）二月二十三日条に、彼が武蔵の治国《ちこく》の功によって従五位上に昇叙されたという記事があることによって裏付けられる。

この時代、国司の補任《ぶにん》において、被選任資格者はみずから任国の希望を申請することが可能であったので、満仲の一族が武蔵の国司にしきりに任じられていることは、彼らがこの国に大きな利権をもっていたことを示すものといえる。

十世紀の武蔵国には、これまた武門に属する一字名の源氏が進出していたことが知られている。延喜《えんぎ》十九年（九一九）には前武蔵権介源仕《さきのむさしごんのすけみなもとのつかう》が武蔵守高向利春《たかむこのとしはる》を攻めようとして国府を襲撃した事件が起きており、仕の子の宛《あつし》（充《あつる》）は、村岡五郎（平）良文《よしふみ》と武芸の技量を争って一騎打ちをしたという『今昔物語集《こんじゃくものがたりしゅう》』（巻二十五）の説話に、「箕田《みた》ノ源二」として登場する。そして、この源宛は、『尊卑分脈』の仁明《にんみょう》源氏系図に満仲の婿とし

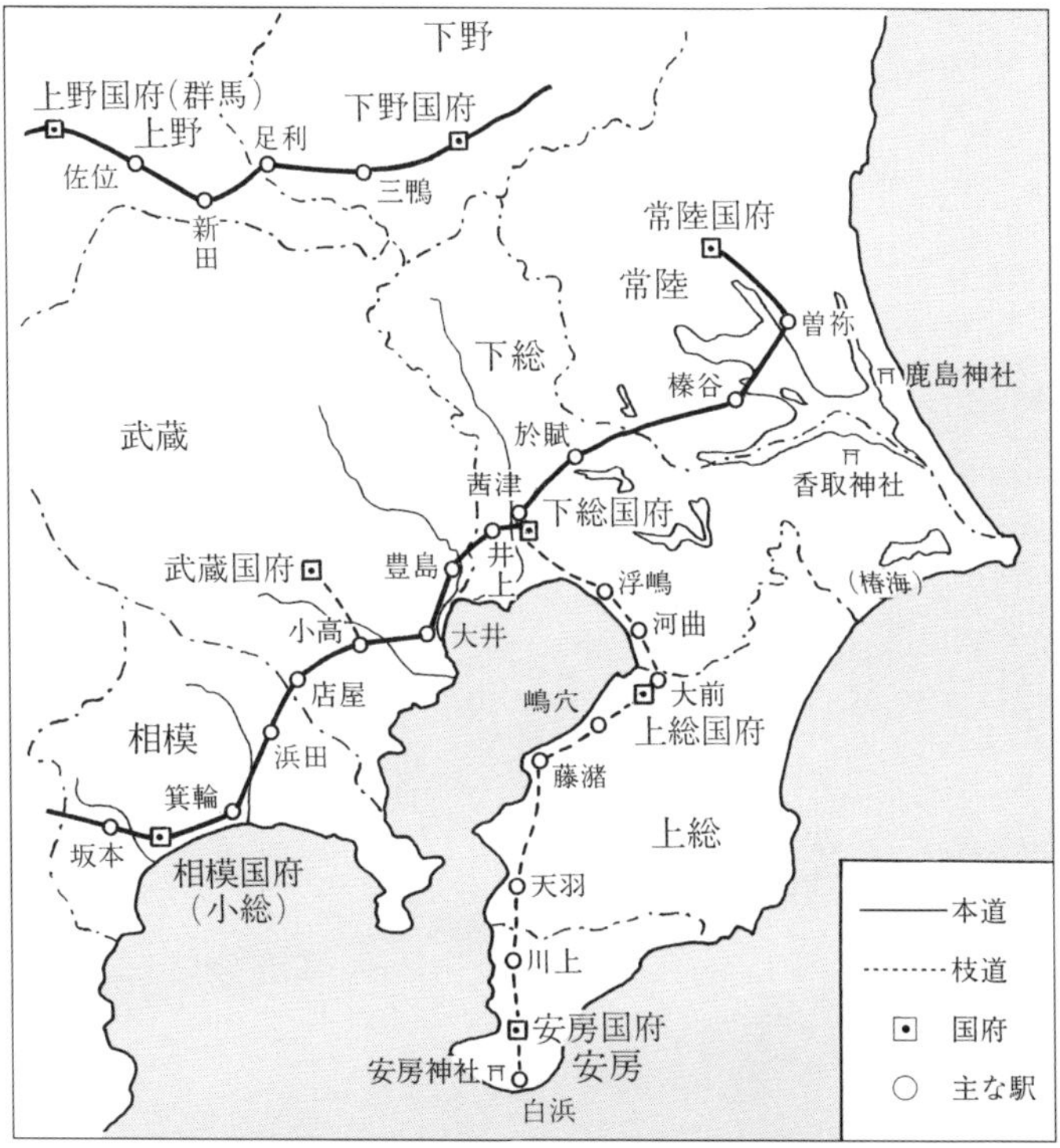

図6　古代坂東の駅路（10世紀以降）

（出典）　三浦茂一編『図説千葉県の歴史』（河出書房新社、1989年）をもとに作成。

図7　嵯峨源氏系図

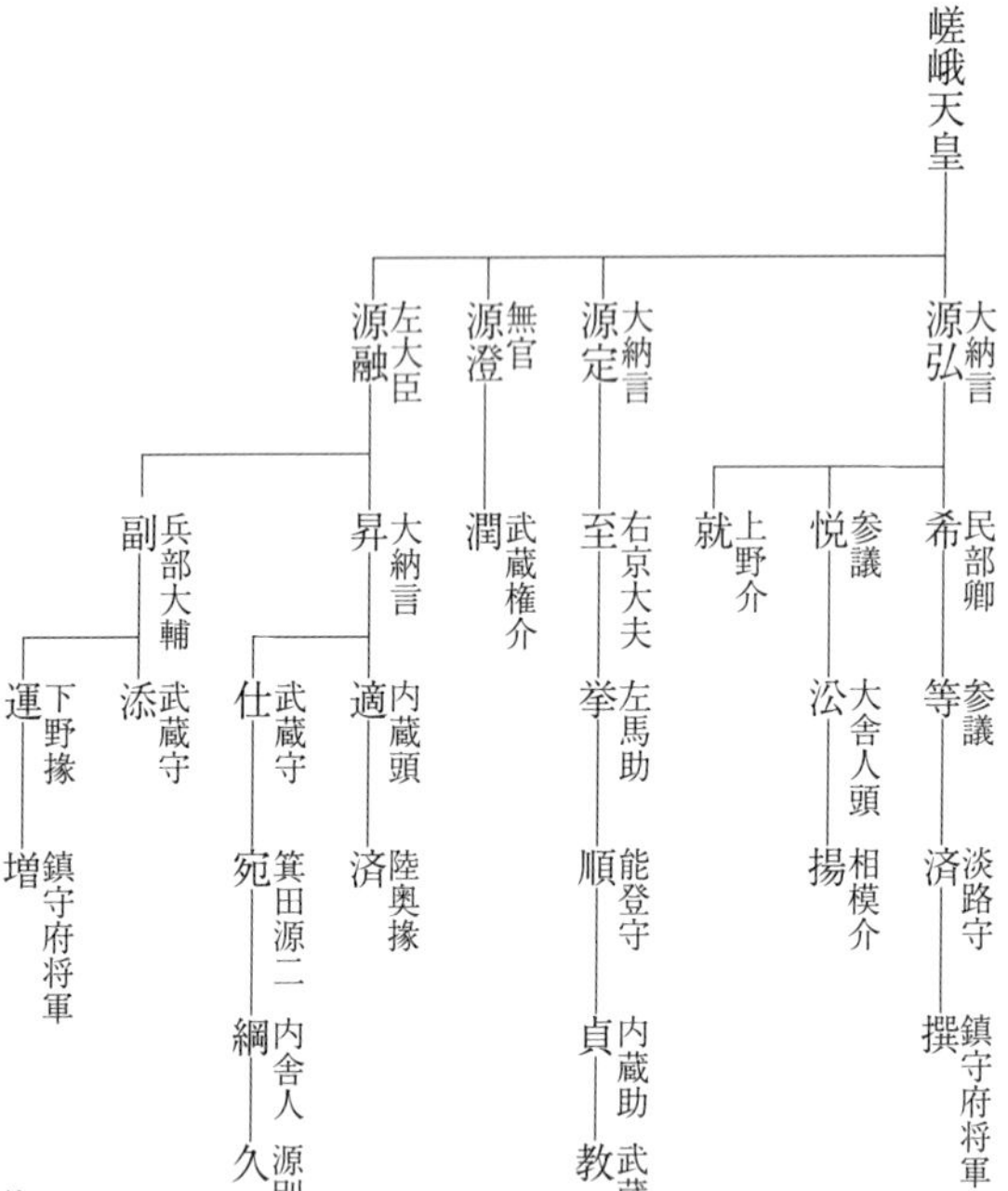

注　『尊卑分脈』による。

てみえる敦《あつし》《あつる》に比定されるのである。

今日に伝えられている嵯峨《さが》源氏と仁明源氏の系図には、一部に錯綜・混乱がみられるのであるが、嵯峨源氏の俊《すぐる》の娘が満仲の妻となって頼光《よりみつ》を産んでいることや、後冷泉《ごれいぜい》天皇の滝口に祗候《しこう》した初《はじめ》が満政の孫斉頼《ただより》の郎従になっていること（『百練抄《ひやくれんしよう》』天喜《てんぎ》三年〈一〇五五〉三月十八日条）、また、満政が宛のライバルだった村岡良文と同じ「村岡」の名字で呼ばれたと伝えられることなどを踏まえると、どうやら満仲の一族は武蔵における一字名の源氏の培《つちか》った地盤を継承する立場にあったもののように思われる。

一方、藤原千晴であるが、父の秀郷は将門の乱鎮定の功によって武蔵守に任じられており（『扶桑略記』）、千晴自身も安和の変の前年に坂東で前武蔵権介平義盛《よしもり》（貞盛《さだもり》の兄弟）と紛争を起こしているから（『日本紀略』『平姓指宿氏系図』）、このころ千晴が武蔵において何らかの動きを企てていたことが推測される。ちなみに、変から十年を隔てた天元《てんげん》二年（九七九）五月のことであるが、千晴の弟の千常《ちつね》も前武蔵介として『日本紀略』に所見している。

以上、回りくどい話に終始してしまったが、安和の変の口火を切ることとなった源満仲と藤原善時による密告の背景には、中央における満仲と千晴の競合のみならず、武蔵国で対立していた秀郷流藤原氏《ひでさとりゆうふじわらし》の排除を目的とした満仲と善時の共謀が読み取れるのである。

安和の変で見事に秀郷流藤原氏を失脚させた満仲にとって、次に現れたライバルは秀郷

図8　秀郷流藤原氏系図

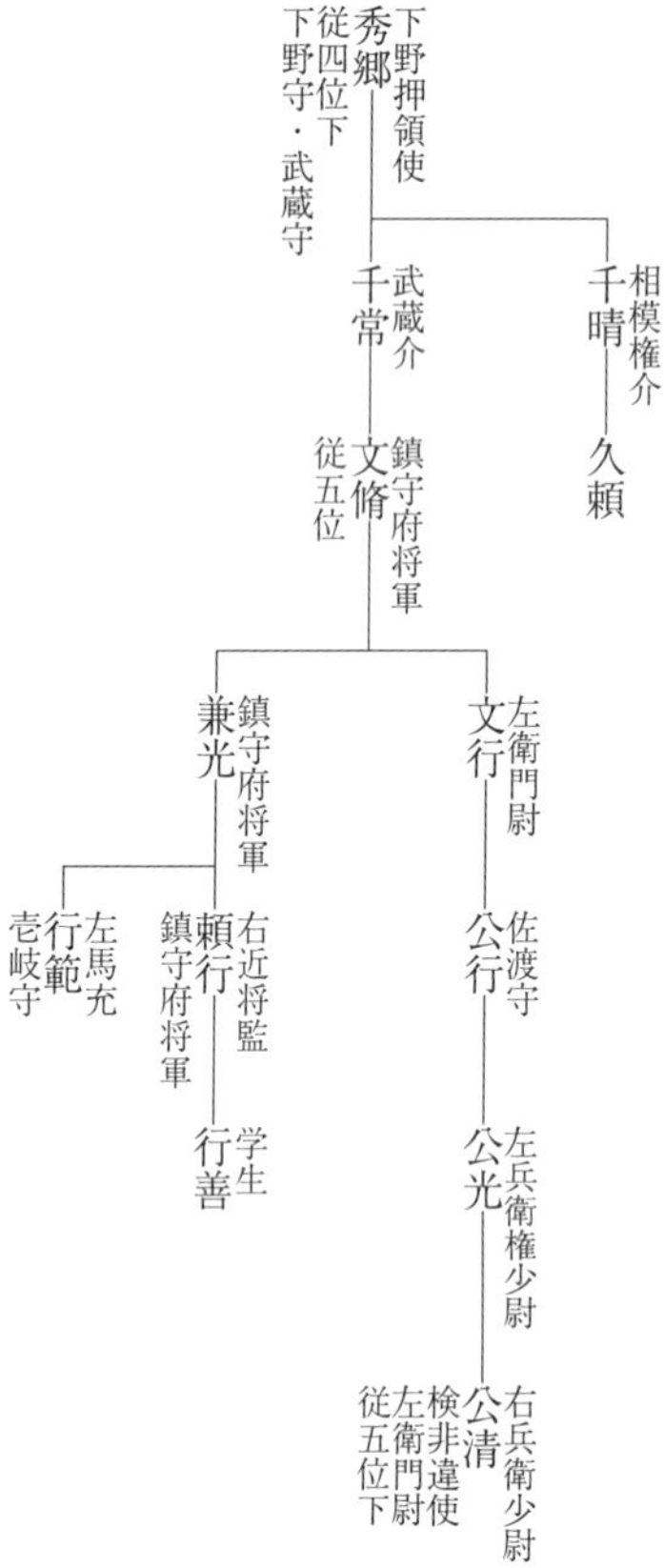

とともに将門追討で活躍した平貞盛の一族である。将門の乱の後、貞盛は活動の拠点を常陸から京都に移して中央軍事貴族として活動し、諸国の守《かみ》や鎮守府《ちんじゅふ》将軍《しょうぐん》を歴任したのだが、常陸には弟の繁盛《しげもり》が在地豪族（地方軍事貴族）として盤踞《ばんきょ》しており、貞盛の在京活動を支援していた。

天元五年（九八二）三月、満仲は常陸介《ひたちのすけ》に在任していたことが知られる（『小右記《しょうゆうき》』）。常陸は上野《こうずけ》・上総《かずさ》とともに親王任国《しんのうにんごく》であるため、介が実質的な長官で他国の守と同格なのである。この時期、平繁盛は武蔵・下総《しもうさ》をテリトリーとする平忠頼《ただより》・忠光《ただみつ》の兄弟（繁盛の叔父、良文の子たち）と対立関係にあった。満仲が常陸介に任じたのは、こうした状況に乗じて、繁盛を配下に従え、ひいては貞盛を押さえ込もうとしたものと考えられるのである。残念なことに、常陸介在任中の満仲の動向については明らかでないが、この時に得た現地の情報や在地勢力との関係は、やがて子息頼信《よりのぶ》に継承されることとなる。

頼光に仕えた三浦氏の先祖

満仲には頼光《よりみつ》（摂津源氏《せっつげんじ》の祖）・頼親《よりちか》（大和源氏《やまと》の祖）・頼信らの子息があった。彼らのうちで一番有名なのは、大江山の酒呑童子《しゅてんどうじ》を退治したというお伽話で知られる頼光だろう（元木泰雄『源満仲・頼光』ミネルヴァ書房、二〇〇四年。髙橋昌明『酒呑童子の誕生』中央公論社、一九九二年）。

この頼光に坂東武士の代表格ともいうべき相模三浦氏《みうらし》の先祖にあたる平忠道《ただみち》（忠通）が仕えていたという話が『今昔物語集』にみえている。

忠道は良文の子で、父が「村岡五郎」と呼ばれたのをうけて、「村岡小五郎」ないしは「村岡五郎」と呼ばれたらしい。なお、諸系図にはこの忠道と先述した忠光を混乱したものがみられる。たしかに名の訓《よ》みが「ミチ」と「ミツ」と近いので、同一人物である可能性が高いと思う。

忠道は『今昔物語集』の巻二十五・二十九に、通称は「村岡五郎」、名は「貞道《さだみち》」で登場する。『平群《へぐり》系図』はその理由を、十二世紀の半ばの関白に藤原忠通という人がいたので、これと同じ名前では不都合だったからだと説明している。

さて、この『今昔物語集』の説話によると、忠道は在京して源頼光に仕え、また多くの眷属《けんぞく》・郎等《ろうどう》を具して京都と東国の間をさかんに往復していたという。忠道が頼光に従った理由として考えられるのは、やはり満仲・満政が武蔵に大きな勢力を扶植したことの影響が大きいと思われる。良文・忠道と満政が同じ「村岡」の苗字で呼ばれたと伝えられていることにも注目しておきたい。

頼信、坂東に武威を示す

しかし、頼光・頼親はまさしく「都の武者」としての活動に専念し、経済的地盤も畿内近国《きないきんごく》に設定しており、坂東との関わりは上記の忠道の話以外に徴すべきものはない。それに対して、むしろ積極的に坂東との関わりを得ようとする姿勢を見せたのが頼信である。

頼信は永延《えいえん》元年（九八七）二月に左兵衛尉《さひょうえのじょう》に補任《ぶにん》され、その後長保《ちょうほ》元年（九九九）までに上野介、また長和《ちょうわ》元年（一〇一二）年以前と同五年以前の二期にわたり（おそらく重任《ちょうにん》）常陸介に任じている（横澤大典「源頼信」元木泰雄編『古代の人物　六　王朝の変容と武者』清文堂、二〇〇五年)。『今昔物語集』には、この間のエピソードも載せられているので、ここにその要約を紹介しておこう。まずは上野介在任中の話(巻二十五の第十一)。

頼信の郎等に藤原親孝《ちかたか》という者があり、その家に盗人が入った。親孝が捕まえて縛り付けておいたのだが、賊は逃亡をはかり、そのとき親孝の子を人質にとって刀を子の腹に突きつけた。親孝は頼信のもとにかけつけて子どもが殺されると泣いて訴える。頼信は、子ども一人くらい殺されても泣くものではない。兵《つわもの》が物怖《ものお》じしないというのは自分の身はもとより妻子のことも思わないことなのだと教える一方、弓矢は持たず太刀だけを携えて親孝の家に赴く。

そして、盗人に命を助かりたいか、それとも子どもを殺したいのかと問い、盗人が助命を願うと、刀を捨てさせ、親孝が斬りたがるのをおさえたばかりか、馬と弓矢、それに十日分の食料まで与えて逃がしてやった。

頼信の威厳と人情の機微に通じた対応によって子どもは無事に救われたのである。次は常陸介在任中の話である(巻二十五の第九)。

頼信が常陸に赴任していた時、下総に平忠恒《ただつね》(忠常)という兵がいた。両総一帯に大勢力をほこって公事《くじ》をないがしろにし、また常陸介である頼信の命令もゆるがせにした。頼信はこれを咎《とが》めて、国境を越えて忠常を攻めようとする。

するとこれを聞いた常陸の豪族平維基《これもと》（維幹）が三千騎を率いて頼信の二千の軍勢に加わった。このとき維幹が馬を降りて頼信の馬の口を取るのをみて、ほかの兵どもも頼信に臣従する態度を示した。

一方、忠常は頼信から差し遣わされた降伏を勧告する使者に対して「頼信様には当然降参すべきところだが、維幹は先祖の敵だから、その前で膝《ひざ》を屈することはできない」と答え、みずからの居館が湖水に守られていることから、頼信の軍勢が攻め寄せることは不可能だと考えて安心していた。

ところが頼信は「家の伝え」で浅瀬の存在を知っており、大軍をもって押し寄せてきた。驚いた忠常はたちどころに降伏し、名簿《みょうぶ》・怠状《たいじょう》を差し出したので、頼信は無意味な合戦を避けて軍を引き上げた。

二番目の話の中で注目されるのは、忠常が維幹を「先祖の敵」といっていることで、それは忠常の父、忠頼とその弟の忠光を維幹の父、繁盛が延暦寺政所《えんりゃくじまんどころ》に訴えたことを記す史料が存在し（『続左丞抄《ぞくさじょうしょう》』第二）、そこで繁盛がみずからを忠頼らの「旧敵」と位置付けていることからも裏付けられる。頼信のもとに参向した維幹は頼信の馬の口を取り、また忠常も頼信に名簿を奉呈しているから、結局頼信は戦わずしてこの二人の大豪族（地方軍事貴族）の対立を見事に調停し、ともに臣従させることに成功しているのである。

ちなみに、この『今昔物語集』の二つの説話の間におさめられている巻第二十五の第十は、先にみた平貞道が、宴席で主人頼光の弟である頼信から、駿河を本拠とする武士の殺害を命じられたが、主人でもない者の命令だからと忘れていた。しかし、結局その男を殺してしまうというストーリー。これも頼信の暗黙の武威を示すエピソードである。

源頼信と平忠常の乱

頼信の母方と坂東

源頼信《よりのぶ》の坂東《ばんどう》進出の背景には、祖父経基《つねもと》・父満仲《みつなか》や叔父満政《みつまさ》らが武蔵・常陸《ひたち》の国司をつとめた際に作り上げた地盤の存在が考えられるが、彼の母が道長最愛の家司《けいし》にして和泉式部《いずみしきぶ》の夫でもあり、一方で武人肌の貴族として知られる藤原保昌《やすまさ》の姉妹であることにも注目しておきたい。

保昌の祖父元方《もとかた》・曾祖父菅根《すがね》は公卿《くぎょう》に列する上級貴族であったが、その家系を遡《さかのぼ》ると、坂東を基盤とする軍事貴族だったからである（拙稿「南家黒麻呂流藤原氏の上総留住と『兵家』化」『政治経済史学』第三六三号、一九九六年）。

菅根の曾祖父にあたる黒麻呂《くろまろ》は、八世紀の後半に上総介《かずさのすけ》・守《かみ》を歴任（この時代はまだ親

図9　南家黒麻呂流藤原氏系図

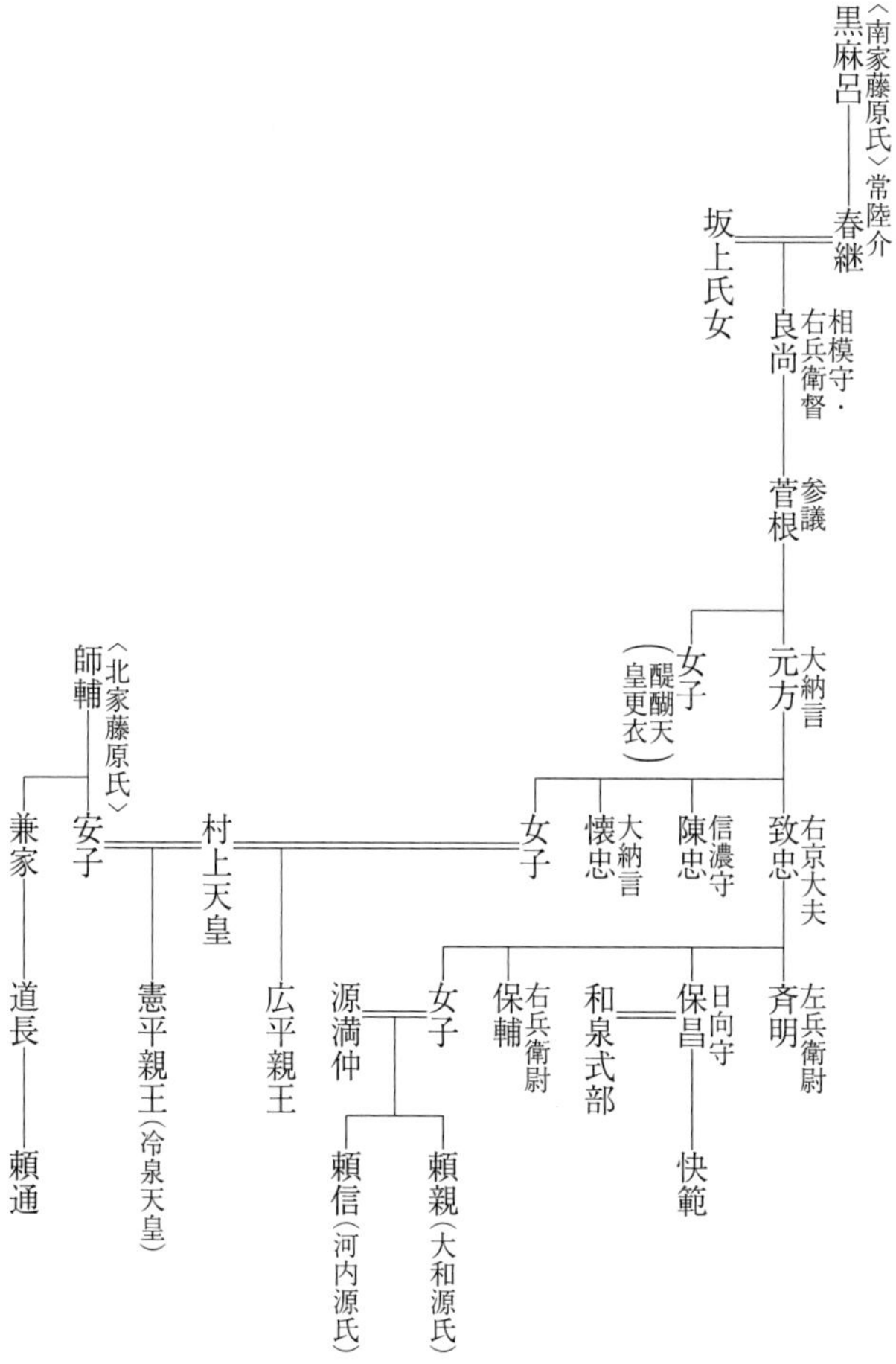

王任国の制度はない)。この間に同国内の藻原牧《もばらのまき》(千葉県茂原市)を私領とし、その原野を拓いて荘園化をはかった。その子春継《はるつぐ》は常陸介に任じ、在地の豪族と思われる常陸大目《ひたちだいさかん》坂上氏《さかのうえし》の娘を妻としている。春継はその後、上総に住んだようで、父の代から買得集積した土地をあわせて田代庄《たしろのしょう》(千葉県長生《ちょうせい》郡長柄《ながら》町田代および富津《ふっつ》市)とした。

春継と坂上氏の娘との間に生まれた良尚《よしひさ》は、中央に出仕して右近衛将監《うこのえのしょうげん》を振り出しに上総権介《かずさごんのすけ》や近衛少将《このえのしょうしょう》・中将《ちゅうじょう》を歴任の後、従四位上《じゅしいのじょう》右兵衛督《うひょうえのかみ》兼相模守《けんさがみのかみ》にまで出世をとげる。その卒伝には「姿容は美しく、武芸を好み、膂力《りょりょく》は人に過ぎ、はなはだ胆気あり」とあって(『三代実録《さんだいじつろく》』元慶《がんぎょう》元年〈八七七〉三月十日条)、そこには理想的な武官の姿がうかがえる。

良尚の子、菅根は文章生《もんじょうしょう》から立身し、その子元方も文章得業生《もんじょうとくぎょうしょう》となって文官貴族の道を歩んだ。しかし平将門の乱に際し、元方が朝議において「その任に堪える」という理由で征討の大将軍に選ばれることがあったのは(『江談抄《ごうだんしょう》』)、彼が乱の渦中に巻き込まれた上総に基盤をもち、かつ武の血筋と認識されていたことを示すものであろう。

武の血筋は元方の子致忠《むねただ》以下の世代にいたって再び顕在化する。長保《ちょうほ》元年(九九九)十二月、致忠は前相模守橘輔政《たちばなのすけまさ》の子息と郎等《ろうとう》二人を射殺した罪で佐渡《さど》に流されたことが知られる（『小右記《しょうゆうき》』）。また致忠の息子たちは、左兵衛尉《さひょうえのじょう》に任じていたのにもかかわらず大江匡衡《おおえのまさひら》を襲撃したために検非違使《けびいし》に追捕《ついぶ》され、ついには海賊になってしまった斉明《ただあき》をはじめ（同）、保昌は「勇士武略之長《ゆうしぶりゃくのちょう》」（『尊卑分脈《そんぴぶんみゃく》』）、保輔《やすすけ》は「強盗張本本朝第一《ごうとうちょうほんほんちょうだいいちの》武略《ぶりゃく》」（同）と、「勇士」ないしはそれと表裏一体の治安の紊乱者《びんらんしゃ》として今に伝えられている。

頼信の母はこうした家を出自としていたのである。追捕を受けた斉明が東国《とうごく》を目指したことからもうかがえるように、頼信が坂東に発展の場を見出そうとした背景には、母方の強固な地盤がこの地に存在したことも想定できるのである。

乱の勃発

平忠常の乱は、万寿《まんじゅ》四年（一〇二七）、上総・下総一帯に勢力を有した平忠常が、上総で国衙《こくが》に敵対する行動を起こし、翌長元《ちょうげん》元年、安房守《あわのかみ》平惟《これ》忠《ただ》を焼き殺して公然化したことに始まる。この乱は、一般に将門《まさかど》の乱《らん》から鎌倉幕府の成立にいたる東国武士勢力発展過程の一事件として評価されるが、実は在地において以前から長く敵対関係にあった常陸平氏と関係の深い平直方《なおかた》が、坂東進出＝忠常打倒の好機とみて積極的に追討使《ついとうし》を望んだ形跡がみられるなど、私戦的な側面が濃厚な事件なのである。

直方は平将門追討に功のあった貞盛《さだもり》の曾孫で、父は当時摂関家に仕えて武門平氏中の最

図10　平氏の諸流

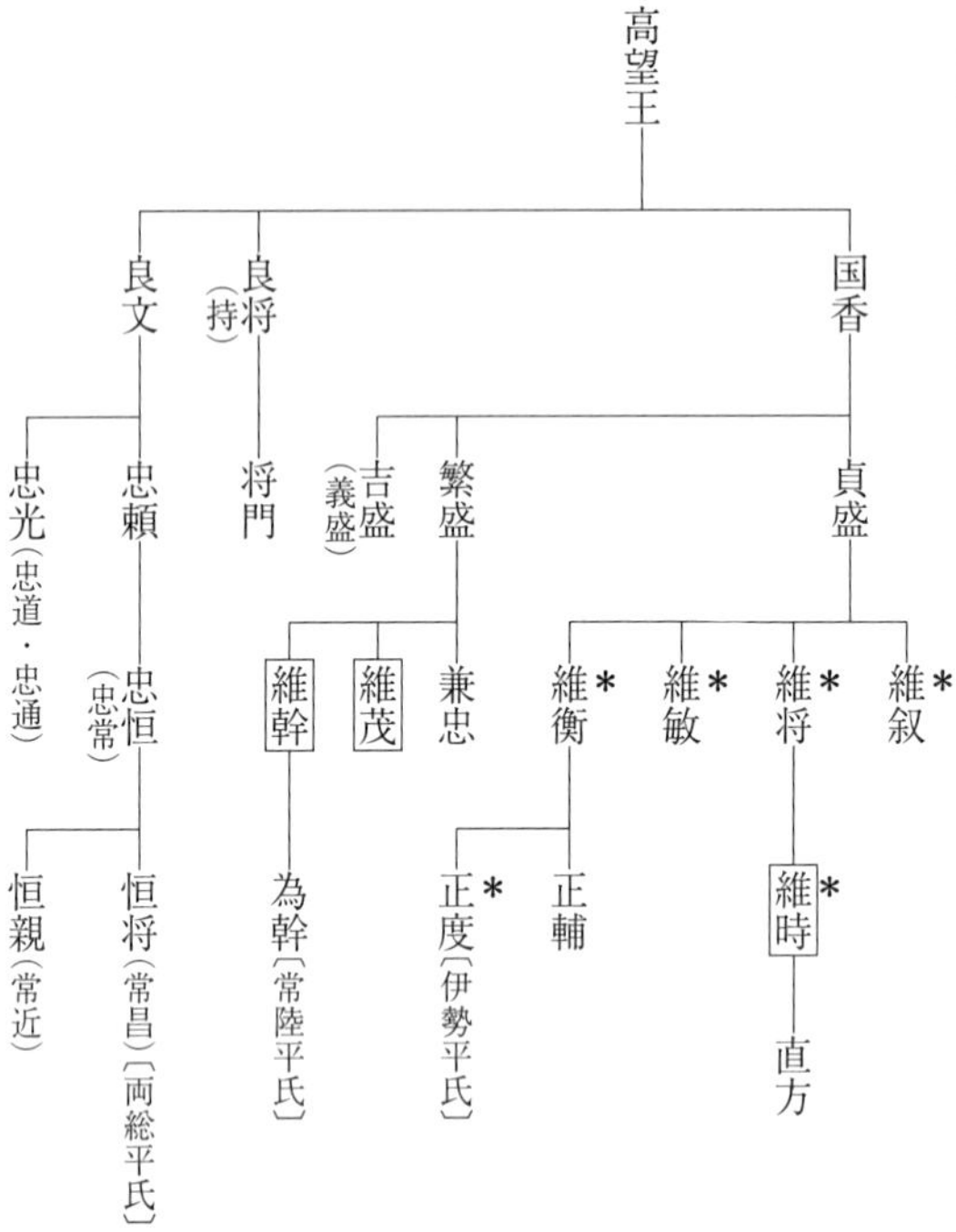

注1　『尊卑分脈』などによる。
2　＊印は『尊卑分脈』その他に常陸介の官歴を記す者。
3　□は貞盛の養子とみられる者。

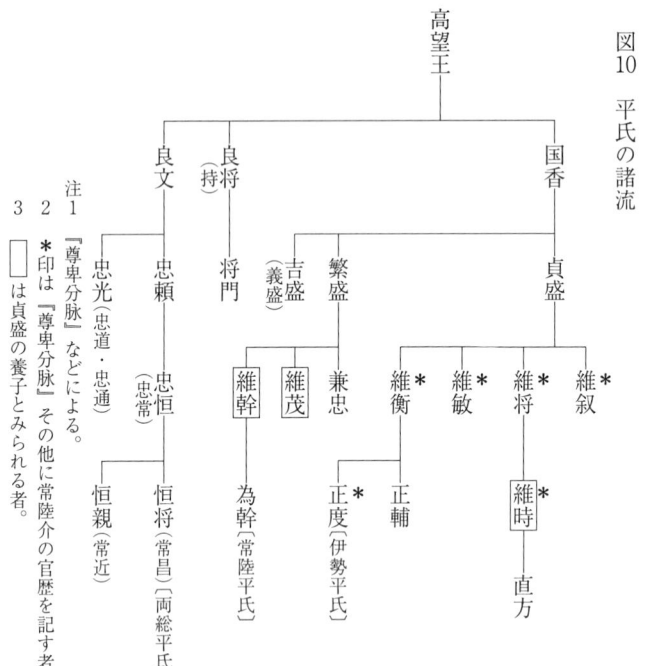

有力者の地位にあった維時《これとき》である。維時は寛仁《かんにん》二年（一〇一八）に常陸介に在任していたことが明らかで、同四年、検非違使庁に召問《しょうもん》された常陸平氏の為幹《ためもと》（維幹の子）の身柄を密々に預かるなど、都の武者としての立場から一族である常陸平氏を支援し、またこれと連携する関係にあった。

常陸平氏の繁盛―維幹と良文流平氏の忠頼―忠常が、世代を越えて敵対関係にあったことは先にみた通りである。また、維時は、その父維将《これまさ》が正暦《しょうりやく》年中（九九〇～九九五）のころ、相模介に在任した際に私領化したとみられる同国鎌倉を拠点として南坂東に勢力を広げようとしていたらしい。忠常はそうした状況にあった維時にとっても大きな障害となる存在であった。その忠常が国衙に敵対する行動をとったという情報は、維時には聞き捨てならないものであっただろう。

当時、このような在地豪族（地方軍事貴族）による国衙に対する敵対行動は各地で頻発していた。しかし、地方軍事貴族は個々に摂関家をはじめとする中央の有力権門と私的関係を結んでおり、そうしたルートを通じてウヤムヤのうちにことの決着がはかられるのが通例であった。よく解釈すれば、政府は地方の実態を踏まえて現実的な対応をとっていたのである。そして、最終的にそれを取り仕切っていたのは藤原道長《ふじわらみちなが》であった。

その道長が薨去《こうきょ》したのが万寿四年（一〇二七）十二月四日。忠常の乱が国家に対する反乱として公然化したのはその直後のことであった。

追討使選考の怪

長元元年（一〇二八）六月に政府は追討使の人選を行うが、その時候補にあがったのは源頼信・平正輔《まさすけ》・平直方・中原成通《なかはらのなりみち》（成道）であった。このうち中原成通は検非違使でも明法道《みようぼうどう》（法律学）を専門とする文官で武者ではないが、それ以外は当時名だたる兵ばかりが名を連ねている。源頼信が筆頭にあげられた理由はすでにみた通りで、上野・常陸の受領《ずりよう》として坂東に下った際、大いに武威を示し、忠常も臣従していたことがよく知られていたためであろう。平正輔は伊勢平氏の祖となった維衡《これひら》の子で前検非違使左衛門尉《さえもんのじよう》。維衡は貞盛の子で下野守《しもつけのかみ》・上野介・常陸介を歴任し、維時と同様に常陸平氏と連携する関係にあった。

武者三人のうちで誰を選ぶか。最も早く乱を収拾できるのが誰かを考えるならば、やはり源頼信こそが適任であろう。陣定《じんのさだめ》（内裏の近衛の陣で行われた政務の評議）において右大臣藤原実資《さねすけ》以下の公卿が頼信を推し、これが後一条天皇に奏上されたのは理にかなったことであった。

ところが、この意見は一蹴《いつしゆう》され、勅によって追討使に任じられたのは平直方と中原成

表1　平維時・直方父子の閲歴と坂東との関係

	史料所見年月日	事 項(官 位 等)	典拠史料
維時	永延2年(988) 閏5月9日	藤原保輔に命をねらわれる(右兵衛尉)	小右記
	正暦5年(994) 2月17日	住吉・広田社に奉幣(散位)	本朝世紀
	3月6日	武勇の人として源頼信らと盗人を捜す	日本紀略
	長徳2年(996) 10月11日	(検非違使・左衛門尉)	小右記
	長和5年(1016) 10月19日	道長に貢馬20疋(常陸介)	御堂関白記
	寛仁2年(1018) 5月15日	道長家法華三十講に際し、馬20疋を献ず(常陸介)	小右記
	同4年(1020) 閏12月13日	検非違使庁に召問された常陸国住人平為幹を密々預かる(前常陸介)	小右記
	治安3年(1023) 10月18日	道長の高野山参詣に従う(前常陸介)	扶桑略記
	同 同 25日	道長、維時の宅に止宿	扶桑略記
	同 同 26日	道長、維時に馬を賜う	扶桑略記
	万寿2年(1025) 11月26日	内大臣教通、湯治に赴き維時の宅に入る	小右記
	長元元年(1028) 7月10日	追討使申請の申文を持参する	小右記
	同2年(1029) 2月22日	上総介として翌日赴任	小右記
直方	長和元年(1012) 閏10月27日	大嘗会御禊の前駈をつとめる(六位)	御堂関白記
	治安3年(1023) 4月10日	検非違使の宣旨を蒙る(右衛門尉)	小右記
	長元4年(1031) —	(大夫尉)	二中歴 第二
	長暦3年(1039) 2月18日	関白頼通の命により山僧強訴をその邸に防ぐ	古今著聞集
	永承3年(1048) 10月11日	頼通の高野山参詣に供奉(前能登守)	宇治関白高野山御参詣記
	— —	成功により大舎人助に任ず	官職秘鈔 上
	— —	源頼義を婿にする(上野守)	陸奥話記
		鎌倉の屋敷を源頼義に譲る(上総介)	詞林采葉抄

通であった。武者と目付《めつけ》役としての法律家の組み合わせであるのはよしとしても、直方が陣定の決定を覆してまで選任された理由はどこにあったのだろうか。

陣定（仗議《じょうぎ》）は太政官《だいじょうかん》の最高幹部会議であり、大抵はここで決まったことが天皇の命令として裁可《さいか》されるのであるが、たてまえの上では会議の結果はあくまでも参考意見に過ぎず、最終的な決裁は天皇と摂関に委ねられることになっていた。この時、後一条天皇は二十一歳、関白左大臣の頼通は三十七歳。天皇は頼通の甥《おい》にあたる。直方を推したのは頼通とみてよいであろう。

直方の父、維時は道長の家人《けにん》として貢馬《こうば》を欠かさず、治安《じあん》三年（一〇二三）、直方は頼通の推挙で検非違使になり、万寿四年（一〇二七）には中宮威子《ちゅうぐういし》《たけこ》（道長の三女）の御給《ごきゅう》によって従五位下に叙されている。直方が追討使に任命されると、維時はそれを待っていたかのように追討準備に奔走する。また翌年にはみずから忠常の本拠である上総国の介に任じて直方とともに追討の中心的位置を占めるようになる。

これらのことから、直方の追討使起用は、平忠常の排除という私的な目的を国家の意志にすりかえて実現しようとした維時・直方からの要求を頼通が容認した結果とみてよいのではないだろうか。そもそも、忠常が国家から謀叛人と認定されたこと自体、彼らの政界工作の成果だった可能性が高いのである。

直方の更迭、頼信の起用

追討の宣旨《せんじ》が下され、追討使が任じられたことを知った忠常は、内大臣《ないだいじん》藤原教通《のりみち》に書状を送るなどして追討使派遣の撤回を策した。しかし、長元元年（一〇二八）八月五日亥《い》の時（午後十時）、直方らは随兵《ずいひょう》二百余人を率いて京都を出発。夜中にもかかわらず、見物人は馬を馳せ、牛車《ぎっしゃ》をとばして集まったという。翌二年には、直方の父、維時が上総介に任じて追討は本格化していく。

これに対して忠常は、上総国夷灊郡《いしみぐん》（千葉県夷隅郡・いすみ市）の山間地帯を本拠として頑強に抵抗する。もともと私的な対立から発した戦争だけに、徹底抗戦を余儀なくされたのである。同年末、かねてから老母の病気を理由に帰京を望んだり、直方との不和が伝えられるなど、追討に消極的な態度を示していた中原成通が追討使を解任されているが、明法家《みょうぼうか》の能吏であった彼には当初からこの追討が私戦であることを見抜いていた節がある。

同三年三月、安房守藤原光業《みつなり》が反乱軍の攻撃に抗し得ず、国衙の印と国倉の鑰《かぎ》を棄てて京都に逃げ帰っており、追討の不調はいよいよ明らかとなる。一方、このころから反乱地域の生産力の荒廃によって忠常の勢力も衰えをみせ、五月には忠常出家の情報が京都にも

（表２つづき）

同	９月２日	甲斐守源頼信および坂東諸国司に忠常追討を命ず（日本紀略）
長元４年（1031）	３月１日	下総守為頼、飢餓により妻女憂死せることを報ず（小右記）
同	４月25日	忠常降伏の意志を頼信言上す（小記目録）
同	６月11日	６月６日、平忠常、頼信と共に上洛の途次美濃国野上にて病死（左経記）
同	同　13日	忠常と同意のきこえあった兼光出家（小記目録）
同	同　27日	上総守（介）維時の辞書・下総守為頼の重任申請・頼信の行賞・在地にある忠常子息の追討について議す（左経記）
同	７月１日	頼信、追討の賞として丹波守を望む（小右記）
同	９月18日	頼信、丹波にかわって美濃守を望むことを権僧正より藤原実資に告ぐ（小右記）
長元７年（1034）	10月24日	上総国の本田22980余町が、維時国司の頃、わずか18町に減じたることを当任の辰重が申す（左経記）

たらされている。忠常が講和を求めていることは明らかなのだが、直方は追討の継続を望んだらしい。

しかし、政府は坂東の亡弊《ぼうへい》を懸念。事態の早期収拾の方針をとって直方を更迭《こうてつ》し、東国国司を歴任して武名高く、しかも忠常を家人としていた甲斐守《かいのかみ》源頼信に追討を命じた。頼信は忠常の子の法師をともなって下向《げこう》し、地道な折衝をはかったようで、同四年四月、忠常はいまだ甲斐にあった頼信のもとに帰降するにいたるのである。

調停者としての頼信

頼信は忠常を連行して京都に向かったが、途中忠常は病を得、六月六日に美濃国《みののくに》において死去したので、頼信はその首を斬り、それを忠常の

表2　平忠常の乱の経過

史料所見年月日	事項（典拠史料）
長保元年(999)　9月2日	上野守(介)源頼信、藤原道長に貢馬(御堂関白記)。この頃、頼信坂東で武名をあぐ(今昔物語)
長和元年(1012)閏10月23日	前常陸守(介)源頼信、道長に貢馬（御堂関白記)。これより先、平忠常、源頼信に攻められて降伏し、名簿を奉呈(今昔物語集)
万寿4年(1027)　——	忠常の乱起こる(源頼信告文)
長元1年(1028)　——	忠常、安房守惟忠を焼殺す(編年残篇)
同　6月5日	忠常追討に関する朝議あり(小記目録)
同　同　21日	追討使候補に源頼信・平正輔・平直方・中原成通らがあげられる(小記目録)。勅命により平直方・中原成通に決す(左経記)。東海・東山道に官符を下すことを定む(日本紀略)
同　7月15日	伴友成より、忠常上総国衙掌握の言上あり(小右記)
同　8月1日	忠常郎等の従者、京にて捕わる(小右記)
同　同　4日	忠常の従者、内大臣教通宛の消息文を持参(小右記・左経記)
同　同　5日	忠常追討使右衛門少尉平直方、同少志中原成通発向、随兵200余人(日本紀略)
長元2年(1029)　2月5日	諸国相共に忠常を追討すべしとの官符に請印す(日本紀略)
同　6月8日	追討使直方更迭の議あり(小記目録)
同　同　13日	検非違使、忠常郎等の京中住宅を捜検す(日本紀略)
同　12月5日	追討使直方・上総介維時らの解文・書状到来(小記目録)
同　同　8日	中原成通、忠常追討のことを言上せざるにより使志を解任(日本紀略)。平直方についても議することあり(小記目録)
同　——	この年源頼信を甲斐守に任ず(源頼信告文)
長元3年(1030)　3月27日	安房守藤原光業、忠常の乱逆により印鎰を捨てて上洛(日本紀略)
同　同　29日	安房守に平正輔を任ず(日本紀略)
同　5月14日	伊志見山(上総国夷灊郡)にこもる忠常の兵力減少のごとく推量さる(小右記)
同　同　20日	忠常出家のこと伝聞す(小記目録)
同　6月23日	追討使直方・上総介維時・武蔵守致方ら解文を奉る。忠常の在所不明。忠常、兼光なる者を通じて志の雑物を直方に送る(小右記)
同　7月8日	直方の更迭を決す(小記目録)

従者にもたせて、同十六日に入京をとげた。

しかし、忠常の子の常昌《つねまさ》（常将）・常近《つねちか》（常親）は在地にあっていまだ降順の状を進めていなかったので、彼らへの対応が問題となった。朝議においては追討継続の意見も出たが、結局彼らの処分は沙汰やみになっている。おそらく頼信の働きかけがあったのであろう。忠常の帰降は戦闘ではなく交渉によるものであり、その条件に在地勢力への処罰の及ばないことは盛り込まれていたのであろう。もとより、中央の貴族たちにとって最も深刻な問題は税収に直結する反乱地域の荒廃であったから、それさえ解決の見通しがつけば、反乱勢力への処罰は国家のメンツさえ保たれればどうでもよかったのである。そう考えると、忠常の「病死」というのは、国家のメンツと反乱勢力双方が了解するための妥協の結果だったのかもしれない。

いずれにしても、頼信は常陸介在任時に忠常を攻めたときと同じように、戦わずして勝利を手にし、敗者を従えて恩を施しているのである。また、追討に失敗した直方への配慮も怠りなかったようで、後に直方はその娘を頼信の子の頼義に配している。頼信という人物は、まさしく調停の天才、理想的な紛争解決者といえよう。

乱を鎮定した勲功の賞として、頼信ははじめ「老齢なので遠国には赴任しがたい」という理由で丹波守を望んだが、その後、「母の墓所が美濃国にあるので、そこで菩提を弔いたい」と言って美濃守を希望している。しかし、本当の理由は「坂東の者が多く従ってお
り、京都と坂東の間を往復するのに、その中間にある美濃は便利だ」ということにあった
という（『小右記』長元四年七月一日・九月十八日条）。

忠常の乱は武門源氏と坂東の関係に新しい展開をもたらしたのである。

前九年・後三年合戦と坂東武士

前九年合戦

前九年《ぜんくねん》合戦とは、永承《えいしょう》六年（一〇五一）から康平《こうへい》五年（一〇六二）までの間、奥州《おうしゅう》を舞台に王朝政府の権力を背にした源頼義《よりよし》と在地の豪族である安倍氏《あべし》の間で繰り広げられた戦争である。

古くは「十二年のたたかい」（『愚管抄《ぐかんしょう》』巻九）、「十二年の合戦」（『古今著聞集《ここんちょもんじゅう》』巻九）とか、「奥州十二年合戦」（『吾妻鏡《あずまかがみ》』承元四年十一月二十三日条）といったが、後になって、義家《よしいえ》の「後三年《ごさんねん》の合戦」とあわせて十二年との思い違いが発生し、そのために三年を差し引いた「前九年」の呼称があらわれたのだという。

陸奥国《むつのくに》奥六郡の郡司《ぐんじ》として半独立的な支配権力を樹立していた俘囚長《ふしゅうのおさ》安倍氏が、衣《ころも》

図11　源頼義（将軍）と義家の出陣（『前九年合戦絵巻』より、国立歴史民俗博物館所蔵）

川関《がわのせき》を南下して内国に勢力を広げようとし、賦貢《ふこう》・徭役《ようえき》をおさめなかったので、朝廷では源頼義を陸奥守・鎮守府将軍に任じて討伐させた。頼義は苦戦したが、出羽《でわ》の豪族清原氏の援をえて鎮圧に成功した、というのが『陸奥《むつ》話記《わき》』に語られたこの戦争の経過である。

しかし、陸奥国まで及んできた中央政府による国衙《こくが》支配権強化策の展開のもとで、奥羽《おうう》の富に目をつけた源頼義が、それに抗する安倍氏の抑圧を目指して、彼らを反逆者に仕立てあげて鎮圧したというのが、この事件に対する近年における研究者の共通認識であろう。

この戦争に、坂東《ばんどう》の武士たちが源氏によって動員されたことはよく知られている。しかし、それはあくまでも政府が安倍氏追討の官符《かんぷ》を下したためであり、純粋に頼義の私兵とみられるのは、義家の傔仗《けんじょう》（護衛官）をつとめた藤原季俊《すえとし》をはじめ、修理少進《しゅりのしょうしん》藤原景通《かげみち》（頼信の郎等《ろうとう》親孝の甥で加藤氏の祖）や河内国《かわちのくに》坂戸（大阪府柏原市《かしわらし》）の生まれという藤原則明《のりあき》（義家の乳人《めのと》で後藤氏の祖）ら、頼義が都から引き連れてきた畿内近国を本拠とする直属の郎等たちと、相模の散位《さんい》佐伯経範《さえきのつねのり》（波多野《はたの》氏の祖）らに限られる。相模からは、ほかにも平真平《さねひら》（中村・土肥《どひ》氏の祖カ）・佐伯元方《もとかた》（糟屋《かすや》氏の祖カ）らが「将軍（頼義）麾下《きか》坂東精兵」に名を連ねているが（『陸奥話記』）、それは平忠常の乱の後、源氏がこの国を東国における拠点としたことによる。

頼義と鎌倉

源頼義が相模の国人たちと緊密な関係を持つにいたった経緯については、十一世紀末頃に成立したとされる『陸奥話記』に以下のようにみえている。

頼義は人となり豪毅、沈着で、ことに騎射にすぐれていた。これに感じた平直方《なおかた》は頼義にこう語った。「自分はいたらぬ者ではあるけれども、いやしくも平国香《くにか》・貞盛ら名将の子孫であり、武芸を貴んでいる。その自分がいまだかつて、あなたほどの弓の上手な人はみたことがない。どうか私の娘をあなたの妻にしてください」。そして、八幡太郎義家《はちまんたろうよしいえ》・賀茂二郎義綱《かもじろうよしつな》・新羅三郎義光《しんらさぶろうよしみつ》ら三男二女が生まれたのである。

頼義が小一条院判官代《こいちじょういんほうがんだい》の労によって相模守となるや、相模国の気風は武勇を好んでいたので、住民は心服するものが多く、頼義の威風は大いに行われ、それまで国守に反抗していた者たちもみな下僕のように従った。しかも頼義は士を愛し、施しを好んだから、近江国《おうみ》より東の武士は大半が門客になった。

また、こちらは成立が十四世紀にまで降るけれども、『詞林采葉抄《しりんさいようしょう》』（第五）の一節には、

平貞盛の孫直方は鎌倉を屋敷とした。源頼義が相模守として下向したときに直方の婿になり、八幡太郎義家が生まれたので、鎌倉を譲った。それ以来、鎌倉は源家相伝の地となった。

と記されていて、両者を総合すると、頼義が、平忠常の乱に際して追討使を望んだにもかかわらず失敗して更迭《こうてつ》された平直方の婿になり、直方の鎌倉の屋敷を継承したことが知られるのである。なお、この時代、「屋敷」とは居館のみでなく、居館内と同じほど私権の及ぶ所領全体を意味する。

直方は、当時貞盛流平氏《さだもりりゅうへいし》の嫡流とみなされるべき存在で、この系統はすでに、「都の武

図12　源頼義坐像（神奈川県・鶴岡八幡宮所蔵）

者」（中央軍事貴族）としての地位を固めていた。その直方が、祖父（実際は曾祖父）貞盛の本国である常陸ならまだしも、相模に所領を有するのは不合理と考えられるかもしれない。ところが、『北山抄《ほくざんしょう》』巻十によって、直方の実の祖父である維将《これまさ》が、正暦《しょうりゃく》年間（九九〇～九九五）に受領としての相模介《さがみのすけ》に任じていることが知られ、その子（直方の父）維時が紀伊守在任中、同国伊都郡《いとぐん》（和歌山県伊都郡周辺）の坂上晴澄《さかのうえのはるずみ》を郎等となし、国内に私領を設定している事実に照らして、維将も同様に相模介在任中、私領の集積および在地武士の郎等化をはかったことが推測されるのである。

また、直方が平忠常の乱に際してみずから追討使を望んだ背景として、乱そのものが貞盛流平氏の良文流平氏に対する、坂東における勢力挽回の意図によって仕立てられたということばかりではなく、上記の推測を念頭に置くならば、具体的には、相模国の私領を追討の兵站基地《へいたんきち》となしえたという事情を想定できるであろう。

このことは、乱の終熄した長元四年（一〇三一）、相模国が「久しく軍務を営み、衰老殊《こと》に甚だし」（『左経記《さけいき》』六月二十七日条）という状況を呈したという事実からもうかがうことができる。おそらく、忠常の乱の過程で史料に相模守の名がまったく現れないことからみても、乱に際して相模国は追討料国となり、その支配は、おそらく鎌倉に本営を置いた直方の手に委ねられていたとみてよい。

これらのことと、頼義が康平六年（一〇六三）にいたって、鎌倉郡由比郷《ゆいのごう》に石清水八幡《いわしみずはちまん》

図13　源氏と平氏・北条氏との関係系図

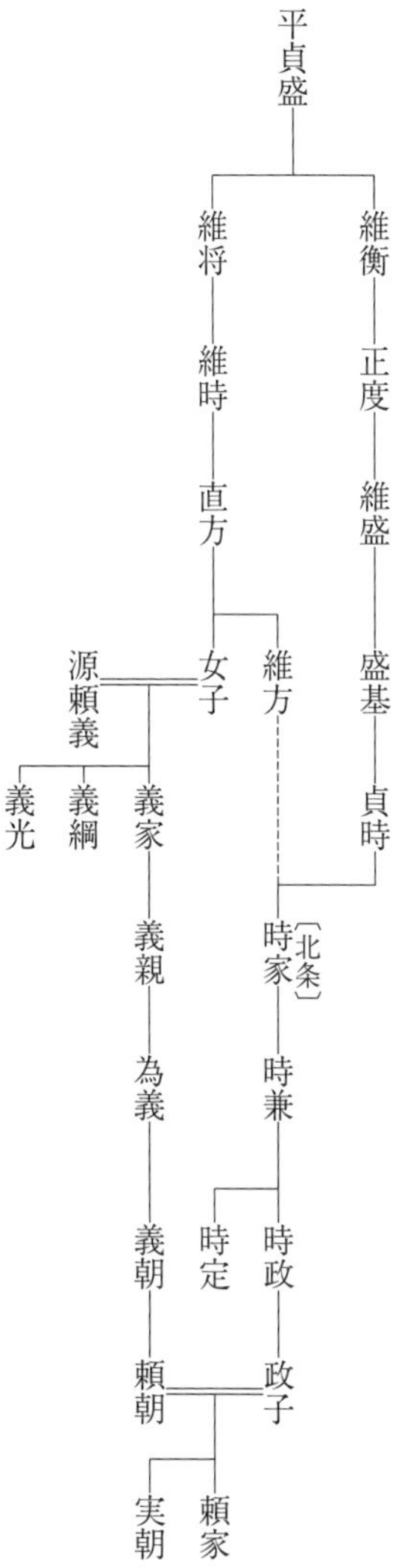

注　兄姉弟妹順不同。

宮《ぐう》を勧請《かんじょう》したという『吾妻鏡』の記述を総合し、またこの時代は招婿婚《しょうせいこん》が一般で、父親の邸宅は娘に伝えられ、それが婿に渡るのが貴族社会の風習であったことを勘案すると、平直方が娘を頼義に嫁がせ、義家の出生と共に「鎌倉の屋敷」を譲渡した蓋然性は高いのである。

「武士の長者」の条件

源頼義と平直方の娘との婚姻、それにともなう頼義の「鎌倉の屋敷」伝領の意味は大きい。直方は忠常の追討に失敗し、それは彼の坂東再進出の道をとざした。しかし、彼は坂東から発生した武門平氏の中で、当時最も中央権力に近い存在、すなわち族長的な立場を占めていた。したがって、その伝統的な権威は少なからぬものがあったと推考される。そして、相模の在地武士の中には、そのような直方に従属する者が多数存在したことであろう。その直方が、坂東に武威を振るい平忠常をも帰服せしめた頼信の嫡子、頼義の武的資質を見込んで、みずからの娘を娶《めあわ》せんことを請うたのである。

このような事情を踏まえて、あえて憶測を加えれば、この婚姻にともなう「鎌倉の屋敷」伝領には、直方の血統的権威および相模国内における直方の私的従者の譲渡が包摂されていたものと考えられるのである。とすれば、源氏と坂東の関係は、まさにこの時点において定着したのであり、頼義と直方の娘との間に生まれた義家が「武士長者《ぶしのちょうじゃ》」（『中右記《ちゅうゆうき》』天仁《てんにん》元年正月二十九日条）たり得る一条件も、ここに存したといえるのである。

ところで、この婚姻の時期であるが、義家の誕生が長暦《ちょうりゃく》三年（一〇三九）ころとされるのが大きな目安となろう（安田元久『源義家』吉川弘文館、一九六六年）。『詞林采葉抄』はこれを頼義の相模守在任中のこととしているが、頼義の相模守補任は長元九年（一〇三六）十月十四日のことであるから（『範国記《はんこくき》』）、これと整合する。

ちなみに、頼信の没年は永承《えいしょう》三年（一〇四八）と考えられるので（横澤大典「源頼信」）、あるいはこの武士の歴史に一つの画期をもたらした意義深い婚姻は、名調停者である彼の画策によるものであった可能性が高い。

後三年合戦

前九年合戦の後、約二十年を経て起こったのが、後三年合戦である。この戦争を「後三年の合戦」というのは、源義家が陸奥守として赴任してきた永保《えいほ》三年（一〇八三）から金沢柵《かねざわのさく》の攻防戦が義家による大量殺戮で決着した寛治《かんじ》元年（一〇八七）までの五年のうち、義家が清原武衡《きよはらのたけひら》と戦った期間に集約したことによる。

『後二条師通記《ごにじょうもろみちき》』（応徳《おうとく》三年九月二十八日条等）に「義家合戦」とみえるように、この合戦は、前九年合戦後、陸奥《むつ》・出羽を支配下に置くにいたっていた清原氏の内訌に義家がす

図14　雁の乱れで清原武衡の伏兵を知る源義家の従兵
(『後三年合戦絵巻』より、東京国立博物館所蔵)

すんで介入した私戦であった。陸奥・出羽両国は馬・鉄・海豹皮《あざらしのかわ》・鷲羽《わしのはね》など武士にとっての必需品の宝庫であり、義家は「武士の長者」としての地位を固めるために、奥羽への進出を常に意識し、在地紛争に対する軍事介入の機会を狙っていたのである。

官職を投げ打って、苦戦する兄を救援するために陸奥に下ったという、後世、兄弟愛の美談として伝えられるようになった義光《よしみつ》の行動も、のちに彼が北関東に勢力を扶植していることを考えると(常陸の佐竹氏は義光の子孫)、都で重用されている次兄義綱《よしつな》に対抗して、長兄義家の勢力の分け前にあずか

ろうとしたというのが真相のようである。

この戦争にも坂東の武士が義家のもとに従っているが、やはりそのほとんどが相模国の武士であった。『奥州後三年記《おうしゅうごさんねんき》』には、源義家の私兵として従軍した鎌倉権《かまくらごん》五郎景正《ごろうかげまさ》（村岡忠通の孫）が目に矢を射られたので、それを彼の従兄弟にあたる三浦為次《ためつぐ》が抜いてやろうとしたのだが、顔に足をかけたので権五郎が怒ったという有名な武勇譚が語られている。鎌倉景正・三浦為次の本拠はそれぞれ相模国鎌倉郡（神奈川県鎌倉市・藤沢市周辺）、同三浦郡（神奈川県横須賀市・三浦市・逗子《ずし》市・葉山町）にあった。

ただ、彼らの動員は単に義家の武威に基づくものであっただけではなさそうである。ちょうど、義家が清原清衡《きよひら》をたすけて再度の争乱が起こった応徳三年（一〇八六）、相模守に任じていたのが義家の母方の従兄弟、すなわち義家の母である平直方の娘の姉妹の子である藤原棟綱《むねつな》だったからである（『朝野群載』巻第二十六・『尊卑分脉』）。

坂東に留住する源氏の郎等たち

坂東における源氏嫡流の軍事的基盤を考える上で注目すべきことは、畿内近国出身の直属の郎等を各地に配置していることである。

〔佐伯氏（波多野氏）〕　前九年合戦のとき、頼義の敗死を覚悟した相模国住人の佐伯経範が「われ将軍に事《つか》えてすでに三十余年を経たり」（『陸奥話記』）と言って壮絶な討死をとげている。中世の相模武士に関して多くの事実を明らかにされた地元の歴史研究者湯山学氏は、この佐伯氏が相模と関係をもったのは、経範の父、経資《つねすけ》が頼義の相模守補任に際して、その目代となって下向したことに由来することを明らかにされた。湯山氏はまた、この経範を祖とする波多野氏が本領とした摂関家領波多野庄《はたののしょう》（神奈川県秦野市周辺）の成立についても、波多野庄が冷泉宮儇子《れいぜいのみやけんし》領に由来し、儇子の父が小一条院敦明《あつあきら》親王であることから、小一条院に判官代《ほうがんだい》として仕えた頼義が立荘を仲介し、経範が現地管理者となったことを想定されている（『波多野氏と波多野庄　興亡の歴史をたどる』夢工房、一九九六年）。

〔首藤氏（山内首藤氏・那須氏・小野寺氏）〕　また、源義家の「ことに身《み》親《した》しき郎等」（『奥州後三年記』下巻）で、京都六条の源氏邸の向かいに「みのわ堂」を造営したとされる首藤資通《すどうすけみち》の子孫は、十二世紀前半に下野《しもつけ》に那須《なす》氏・小野寺《おのでら》氏、相模に山内首藤《やまのうちすどう》氏を興し（『那須系図』など）、特に山内首藤氏は頼朝の乳母《めのと》の家であった。

首藤氏は、美濃国席田郡司《むしろたぐんじ》の守部《もりべ》氏を出自とする資清《すけきよ》（資通の父）が秀郷《ひでさと》流藤原氏の公《きみ》清《きよ》の猶子となり、首馬首《しゅめのかみ》に任じたことに始まると考えられるが、その先祖を藤原済時《なりとき》の子為任《ためとう》とする所伝もある（『山内首藤家文書』所収「山内首藤氏系図」）。

そこで注目されるのが、『水左記《すいさき》』承暦《じょうりゃく》三年（一〇七九）八月三十日条に相模国住人権《ごんの》大夫《たいふ》為季《ためすえ》と押領使《おうりょうし》景平《かげひら》が合戦し、為季が景平の首を切り、景平の一族が数千の軍兵を発し為季を攻めたという記事のみえることである。『尊卑分脈』によると、為季は権大納言《ごんだいなごん》藤原済時の曾孫、父肥後守《ひごのかみ》定任《さだとう》は長久《ちょうきゅう》年中（一〇四〇～四四）に射殺されたとあり、また祖父の為任も寛徳《かんとく》二年（一〇四五）に射殺されたという。

これによると、十一世紀第三四半期のころに済時流藤原氏が相模国で武士的活動を行なっていたことは明らかであり、首藤氏はこの系統と何らかの関わりをもって相模に進出した可能性がみとめられる。ちなみに、竹内理三《りぞう》氏は、為季に敵対した押領使景平について、名の「平《ひら》」の字から、頼朝の挙兵時に活躍する中村・土肥氏に連なる一族の者と推測されている（「相模国早河荘（2）—その武士—」『神奈川県史研究』第九号、一九七〇年）。

〔大中臣氏（中郡氏）〕　ところで、『大中臣氏略系図』には、「在京人」であった中郡《ちゅうぐん》

（大中臣《おおなかとみ》）頼経《よりつね》が、後三年合戦の過程で義家が保護下に置いた清原成衡《なりひら》（真衡《さねひら》の養子で義家の妹婿にあたる）を下野国塩谷郡《しおのや》（のちに摂関家領の荘園となる）の氏江《うじえ》（氏家）風見《かざみ》の楯《たて》（館）（栃木県塩谷郡塩谷町風見）で討ち取ったことが記されているが、それは乱の決着によって成衡の存在が不要になった義家の命令によるものであったと考えられる（網野善彦「桐村家所蔵『大中臣氏略系図』について」『日本中世史料学の課題』弘文堂、一九九六年）。

同系図によると、この頼経の父、頼継《よりつぐ》は上総介に任じたことがあり、その時に常陸国中郡（茨城県桜川市周辺）を賜ったが土着はせずに「不退在京」したというが、頼継の上総介補任は他の史料では確認できない。常陸国中郡を賜ったというのは後三年合戦後、義家の弟の義光が常陸国北部に地盤を築いたことと連動させて考えるべきことで、義家が何らかの所職を直属の郎等であった大中臣氏に与えたのであろう。

〔**宇都宮氏**（**八田氏**）〕　後三年合戦を契機として、源氏にしたがって坂東に進出をとげたという伝えをもつ武家として有名なのは下野の宇都宮氏《うつのみやし》である。宇都宮氏は十一世紀後半、奥羽進出を企図した源義家に従って下向した僧宗円《そうえん》を祖とすると伝えられており、その子孫は下野国一宮宇都宮社務職を掌握して同国南東部から常陸国南西部に勢力を伸ばした。

図15　波多野氏系図（1）

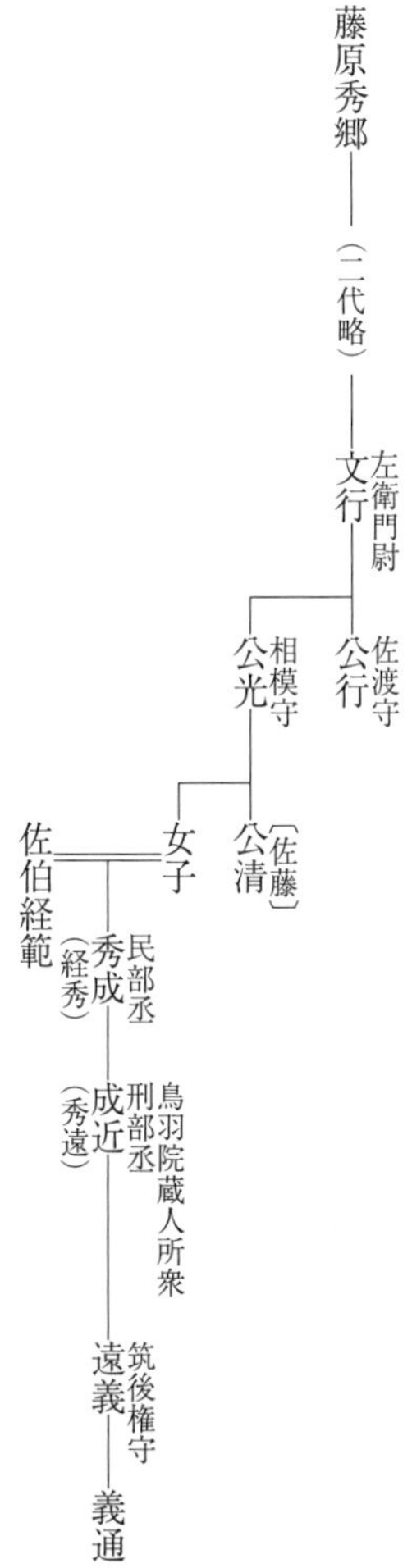

図16　首藤氏系図

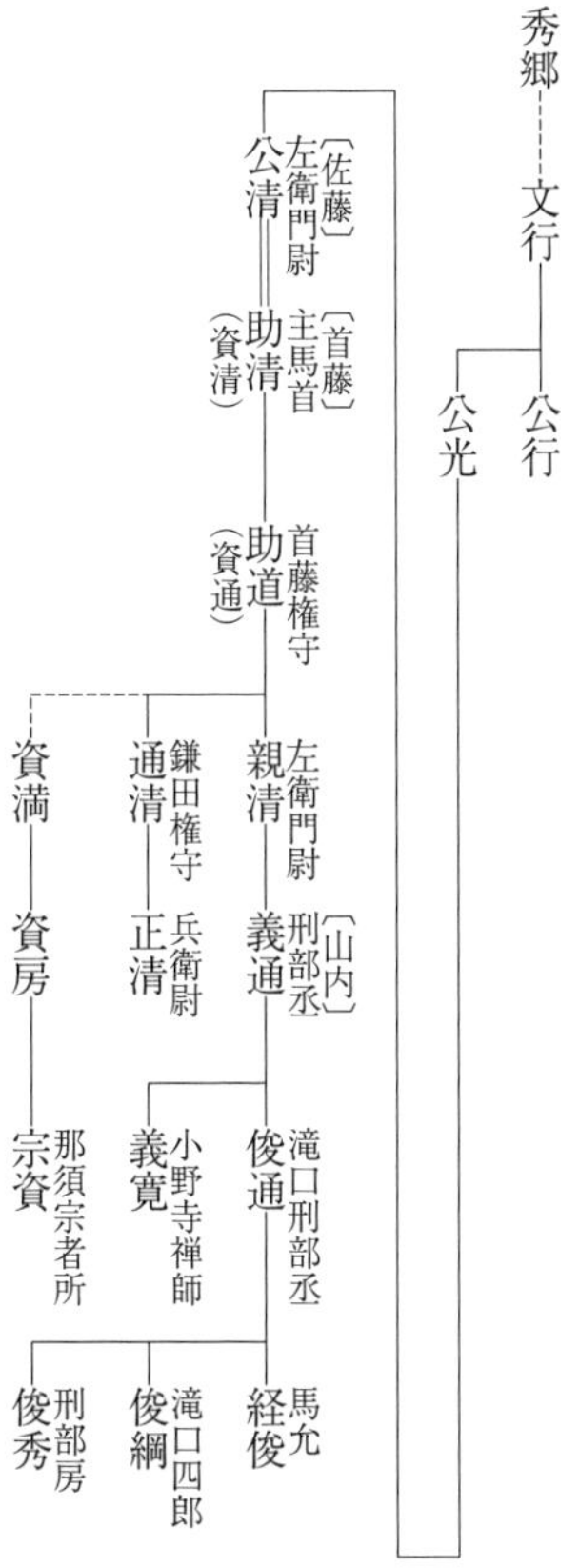

図17　大中臣氏系図

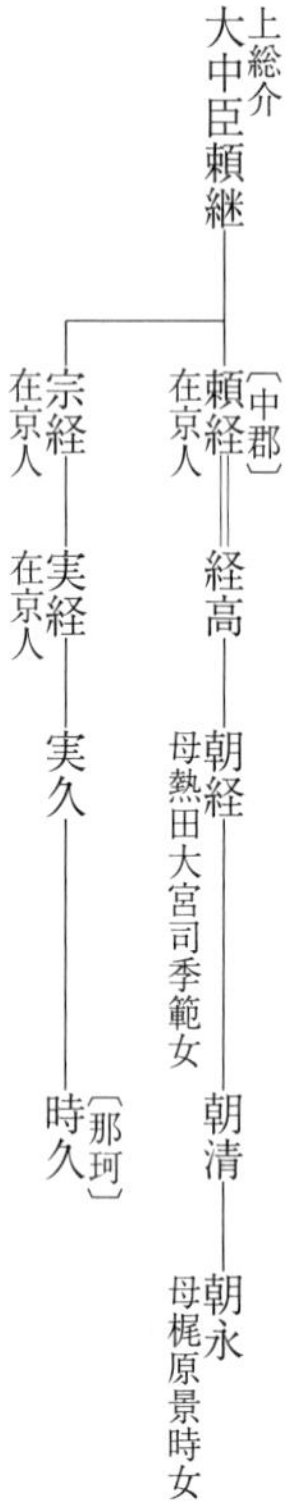

図18　宇都宮氏系図

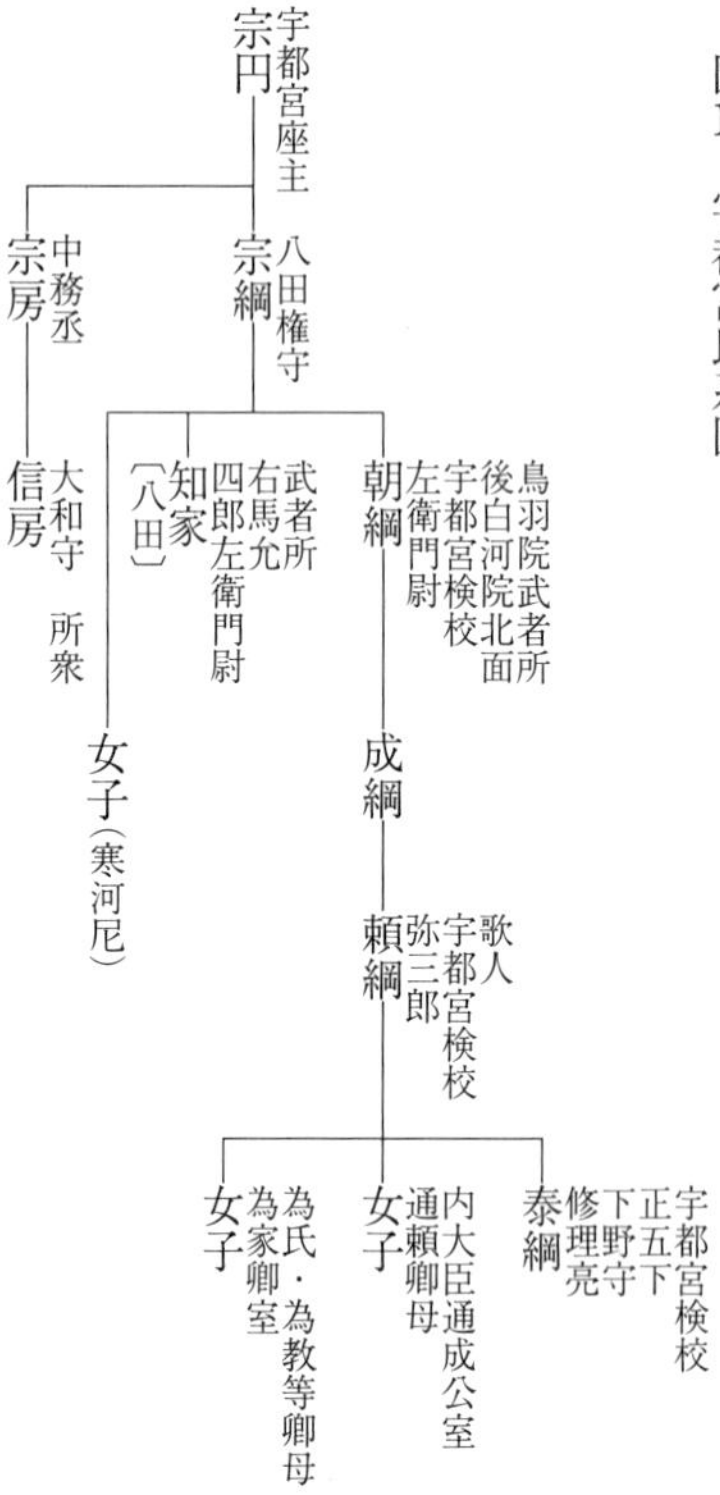

注　『尊卑分脈』による。

図19　豊島氏・葛西氏系図

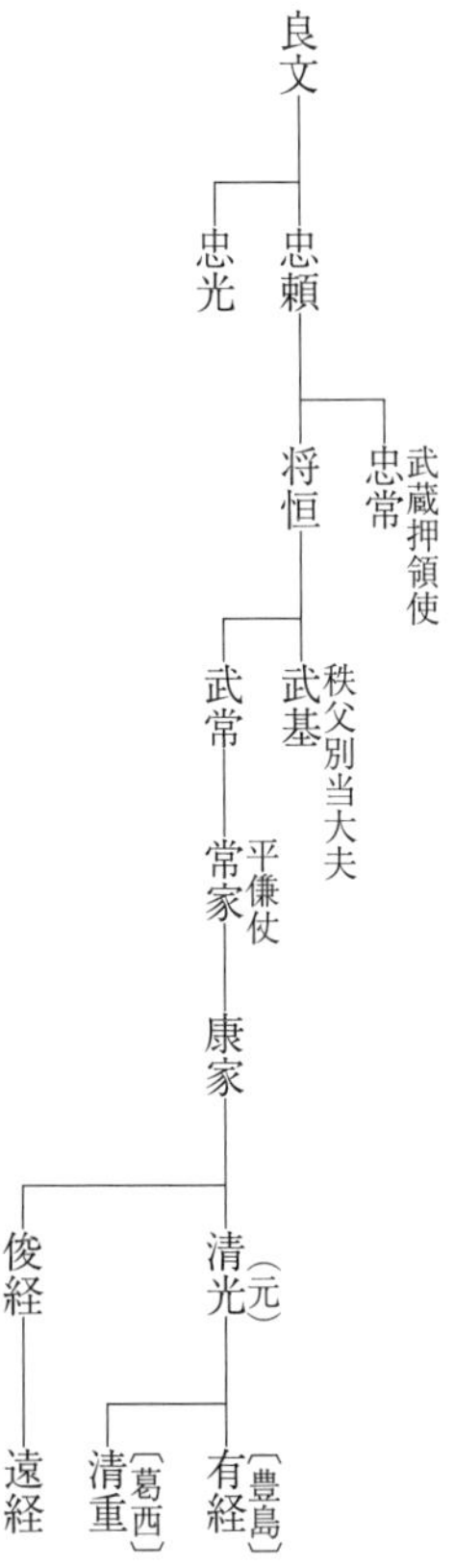

宇都宮氏の出自については京都の官人中原氏説が有力で、もともと武士身分の出身ではないことも明らかであるが、宗円の子で常陸国八田《はった》（茨城県常陸大宮市八田）を名字地とした宗綱《むねつな》は、上洛して武者所《むしゃどころ》に祗候《しこう》した経歴をもち、その子の宇都宮朝綱《ともつな》は、治承《じしょう》・寿《じゅ》永《えい》内乱以前の段階で後白河院の北面《ほくめん》に連なり、右兵衛尉《うひょうえのじょう》を経て左衛門権少尉《さえもんごんのしょうじょう》に任じ、武士として活躍している。ちなみに、朝綱は仁安《にんあん》二年（一一六七）十二月、刑部丞《ぎょうぶのじょう》任官の申文《もうしぶみ》を提出しており、ここでは藤原氏を称している（京都大学附属図書館所蔵『兵範記』紙背文書）。

宇都宮氏は十二世紀後半段階で下野の在来勢力である紀《き》（益子《ましこ》）氏・清原（芳賀《はが》）氏を主従制支配のもとに置くにいたっているが、このような在地勢力編成の方法として積極的な婚姻政策を行っている。宗円は紀氏の婿となって宗綱を儲け、宗綱は常陸大掾《だいじょう》棟幹《むねもと》（致幹）の娘を妻に迎えたと伝えられ（石川速夫「宇都宮氏の興起」『宇都宮市史　中世通史編』一九八一年）、宗綱の娘は下野国の有力在庁小山政光《おやままさみつ》の妻となって朝光《ともみつ》（結城《ゆうき》氏の祖）を産《う》んでいる。

ところで、この女性（寒河尼《さむかわに》）は源頼朝の乳母《めのと》をつとめて、のちに下野国寒河郡などの地頭職《じとうしき》に補任されたことで知られるが、当時武家の乳母は養君《ようくん》の譜代《ふだい》の家人の家から出されていたことを考えると（米谷豊之祐《こめたにとよのすけ》「武士団の成長と乳母」『大阪城南女子短期大学紀要』第七巻、一九七二年）、宇都宮氏の勢力伸張の背後には河内源氏《かわちげんじ》嫡流との密接な関係がうかがえるのである。

〔豊島氏（葛西氏）〕　頼義や義家は古くから坂東に根を張っていた在地武士（平良文ら地方軍事貴族の子孫たち）の編成にも意を尽くしている。これは『今昔物語集』の逸話《いつわ》に示される頼信の武威・調停能力や、『奥州後三年記』に描かれた義家の姿に示される人心《じんしん》収《しゅう》攬《らん》の策で説明されがちであるが、そればかりではなく、官職の付与を仲介するようなことも行ったようである。たとえば、十二世紀末、武蔵・下総に有力な武士団を構成した豊《と》島《しま》・葛西《かさい》氏の祖にあたる平常家《つねいえ》（恒家）は、『源威集《げんいしゅう》』『神明鏡《しんめいかがみ》』などに源頼義の郎等として前九年合戦に従ったことがみえ、いずれも「豊島平傔仗《としまへいけんじょう》」の名乗りが記されている。傔仗は鎮守府将軍に二人つけられ、将軍判授《はんじゅ》の官なのである（『職原抄《しょくげんしょう》』下）。頼義は鎮守府将軍として、彼を朝廷に推挙したのであろう。

なお、源頼朝は文治《ぶんじ》五年（一一八九）の奥州合戦に際し、旗の寸法から合戦の日程まで前九年合戦における頼義の故実を踏襲している。戦後、葛西清重《きよしげ》が奥州惣奉行に抜擢されたのも、清重が常家の子孫であったことが一つの理由だったのかもしれない。

院政期の源氏と坂東

源氏庶流の北坂東進出

源氏と海・水上交通

もとより、軍事貴族・武士にとって武器・武具・馬、さらには情報、またそれらを入手するための富は、その存立を支えるものであり、それゆえに、物流の拠点たる水陸交通の要地の確保は差しせまった課題であった。

ところで、前近代における日本列島の交通形態に対する「西船東馬《さいせんとうば》」というイメージに「東の源氏」という通念がオーバーラップしたためか、従来、船や海上戦闘、大陸との交易が平家の専売特許のようにみなされる反面、源氏と海・水上交通ないしは都市・流通との関係はあまり着目されることがなかった。しかし、源氏とて武士である以上、海・水上交通との関わりを示す事例を見い出すことは容易である。

先に述べたように、『今昔物語集《こんじやくものがたりしゅう》』は、源頼信《みなもとのよりのぶ》が常陸介《ひたちのすけ》在任中、香取海《かとりのうみ》を渡って平忠常《ただつね》を攻めた際、浅瀬の存在を「家ノ伝ヘ」として知っていたことを記す。その子頼義《よりよし》は、平忠常の乱に際して当初追討使《ついとうし》に任じた平直方《なおかた》の婿となり、坂東平氏《ばんどうへいし》族長の権威と追討拠点だった相模国《さがみのくに》鎌倉を掌握する。海陸交通の要衝《ようしょう》に位置するこの鎌倉は、南坂東支配の軍事的首都というべき地であった。

頼義は坂東の兵を率いて前九年《ぜんくねん》合戦を戦うが、宇多郡衙《うだぐんが》（福島県相馬市中野）・行方《なめかた》郡衙

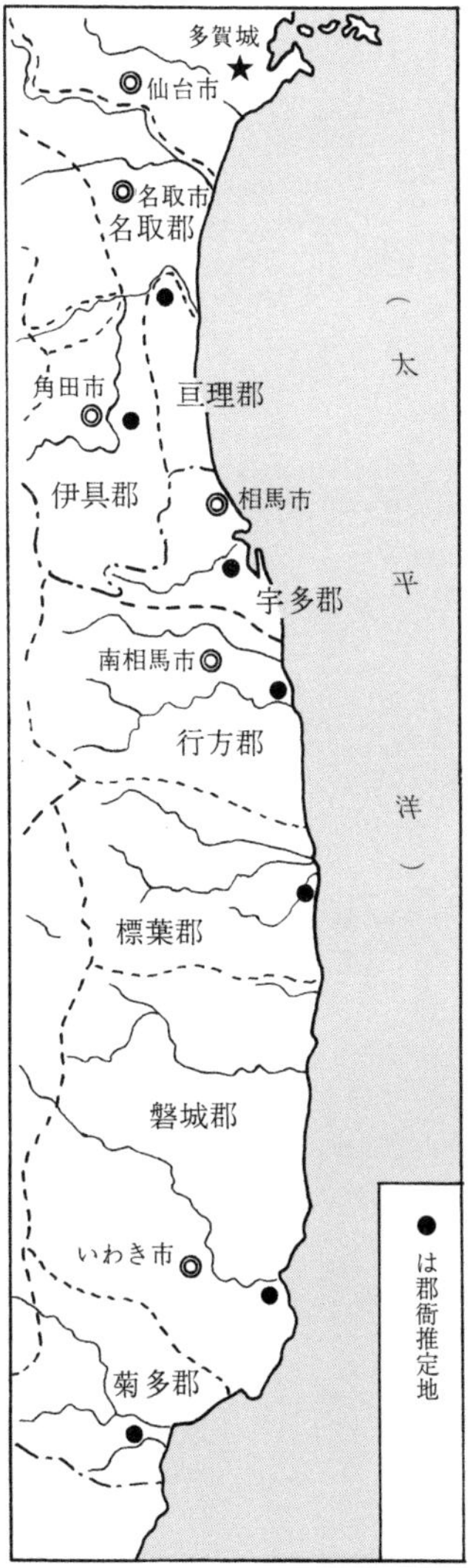

図20　南陸奥太平洋岸の郡衙推定地

（出典）　荒木隆「陸奥南部の郡衙立地条件と水運」をもとに作成。

（南相馬市原町区泉）・胆沢城《いさわじょう》（岩手県水沢市佐倉河）など陸奥国の官衙《かんが》は太平洋とこれに直結する河川水系に依存しており（荒木隆「陸奥南部の郡衙立地条件と水運」『福島県立博物館紀要』第一五号、二〇〇〇年）、合戦の遂行は海上からの補給路の確保が前提であった。戦後、頼義が政府から恩賞地として与えられた安房国朝夷郡丸郷《あさひなぐんまろごう》（千葉県安房《あわ》郡丸山町）は奥州への海上輸送ルートの中継点にふさわしい。

後三年《ごさんねん》合戦で兄義家を助けるために朝廷に無許可で陸奥《むつ》に下向《げこう》したという「美談」で有名な義光《よしみつ》（新羅三郎）が、海道の関所ともいうべき勿来関《なこそのせき》が所在する陸奥国菊多庄《きくたのしょう》（福島県いわき市）や久慈川《くじがわ》水系にそった常陸国北部に勢力を扶植したのも、こうした脈絡で理解できるであろう。

義光流佐竹氏・武田氏

後三年合戦の際、陸奥に下向し、京都への帰還命令を拒否した源義光が、左兵衛尉《さひょうえのじょう》を解官《げかん》されたのは寛治《かんじ》元年（一〇八七）九月のことであった。やがて義光は都に戻ったが、その後再び東国に下ったようで、長治《ちょうじ》二年（一一〇五）二月、刑部丞《ぎょうぶのじょう》の官にありながら二年前から常陸に居住していた義光が支障を申して帰京の猶予を請う内容と思われる書状を送ってきたことが、右大臣藤原忠実《ただざね》の日記『殿暦《でんりゃく》』にみえる。

このとき彼が上洛できなかったのは、常陸の国衙《こくが》最有力の在庁官人として大掾職《だいじょうしき》を世襲する豪族的武士平重幹《しげもと》と結んで、隣国下野《しもつけ》の足利庄《あしかがのしょう》（栃木県足利市）にいた甥の義国《よしくに》と対立関係にあったからであった。嘉承《かじょう》元年（一一〇六）六月、朝廷は東国の国司に命じて義光・重幹らの党を召し進めさせ、一方の義国については、その父である義家に命じて京都へ召喚させている。

義光は藤原忠実にしばしば東国の馬を貢上しており、摂関家と主従関係を結んでいたことが知られるが、在地においては常陸平氏（大掾氏）と協力関係にあり、子息の義業《よしなり》（義成）は平重幹の子、清幹《きよもと》の婿となっていた。

義業は都に出、武士の家の出身であるにもかかわらず文章生《もんじょうしょう》（進士《しんし》）となり、その後、検非違使尉《けびいしのじょう》をつとめたため「進士判官《しんしほうがん》」と呼ばれたが、大治《だいじ》五年（一一三〇）六月以前、上洛してきた平泉の藤原清衡《きよひら》の前妻を妻に迎えている。彼女は清衡の後継者争いで基衡《もとひら》に敗れた惟常《これつね》（家清《いえきよ》）の母で、上洛後所々に追従《ついしょう》して珍宝を献じていることから、相当な有力豪族の出身とみられるが（米谷豊之祐「佐竹家の祖—源義業」『古代文化』第五四巻第六号、二〇〇二年）、これによって義業は平泉藤原氏勢力下の惟常派の勢力を継承する立場を得たことがうかがえるのである。

図21　河内源氏の諸流

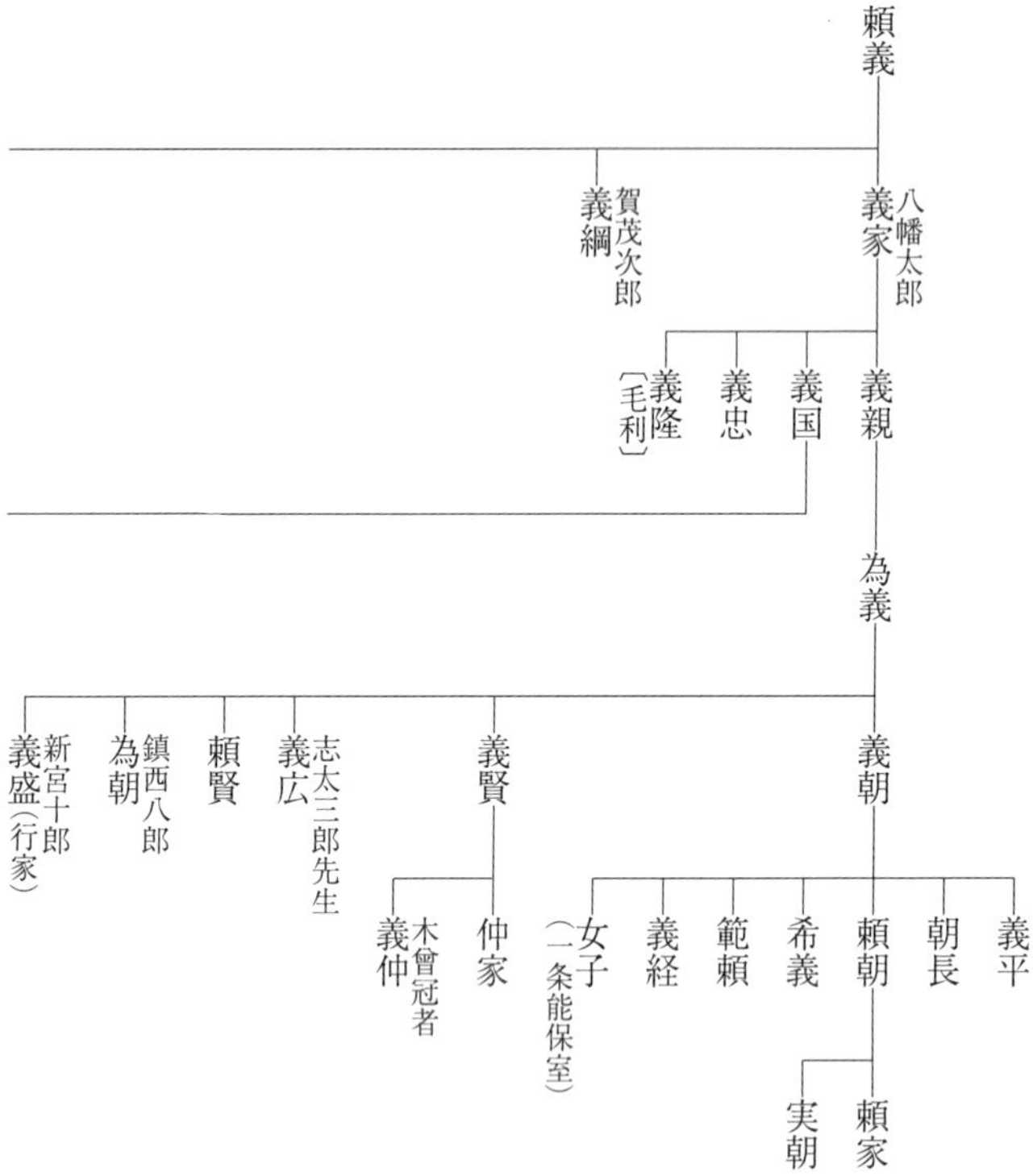
頼義
八幡太郎
義家
賀茂次郎
義綱
義親
義国
義忠
義隆
〔毛利〕
為義
義朝
義賢
志太三郎先生
義広
頼賢
鎮西八郎
為朝
新宮十郎
義盛（行家）
義平
朝長
頼朝
希義
範頼
義経
女子
（一条能保室）
仲家
木曾冠者
義仲
頼家
実朝

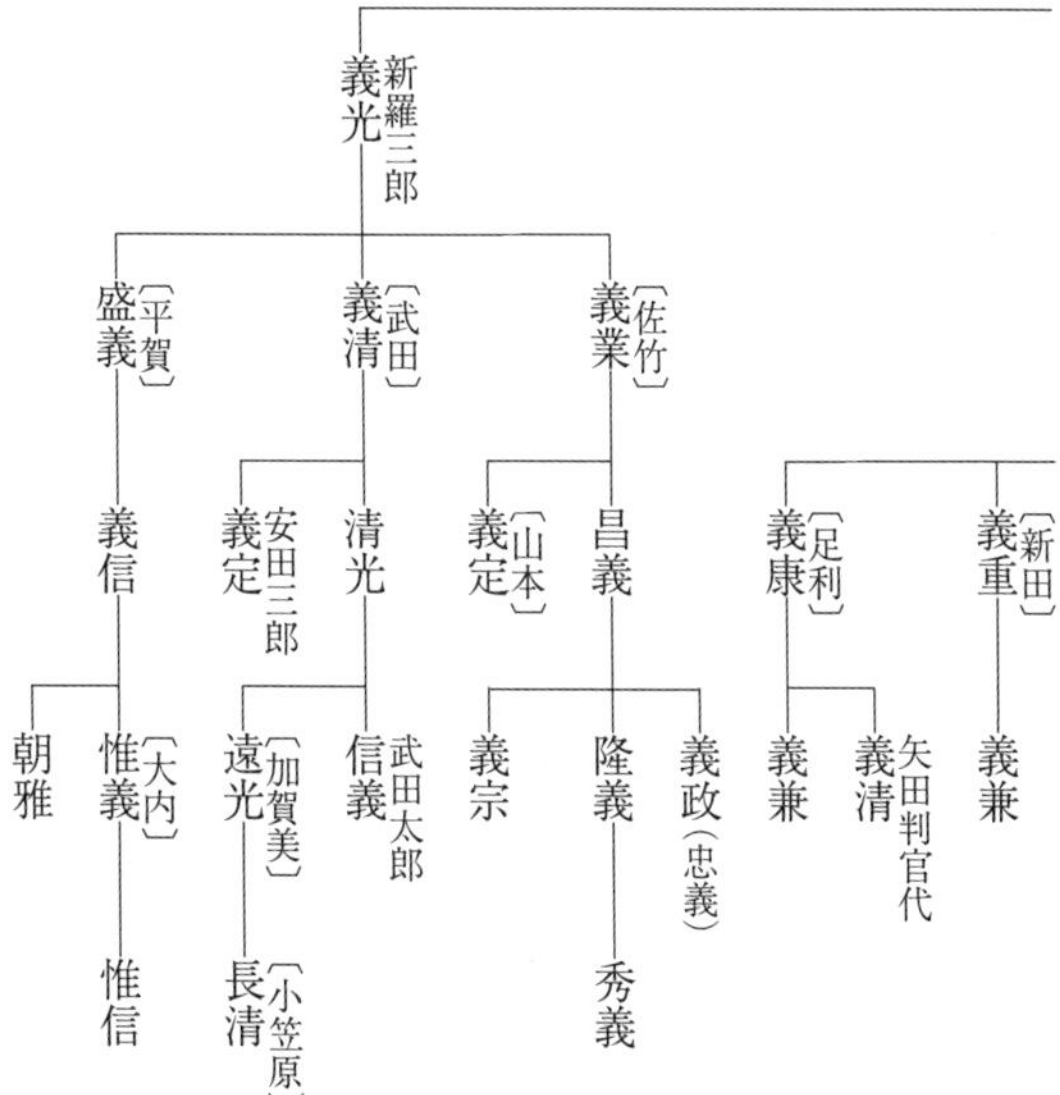

義業と清幹の娘との間に生まれた昌義《まさよし》は、常陸国北部の久慈川と山田川の合流点近くに位置する久慈郡佐竹郷（茨城県常陸太田市）を本拠として佐竹氏の祖となる（志田諄一「武田義清・清光をめぐって」『武田氏研究』第九号、一九九二年）。そして、その昌義と藤原清衡

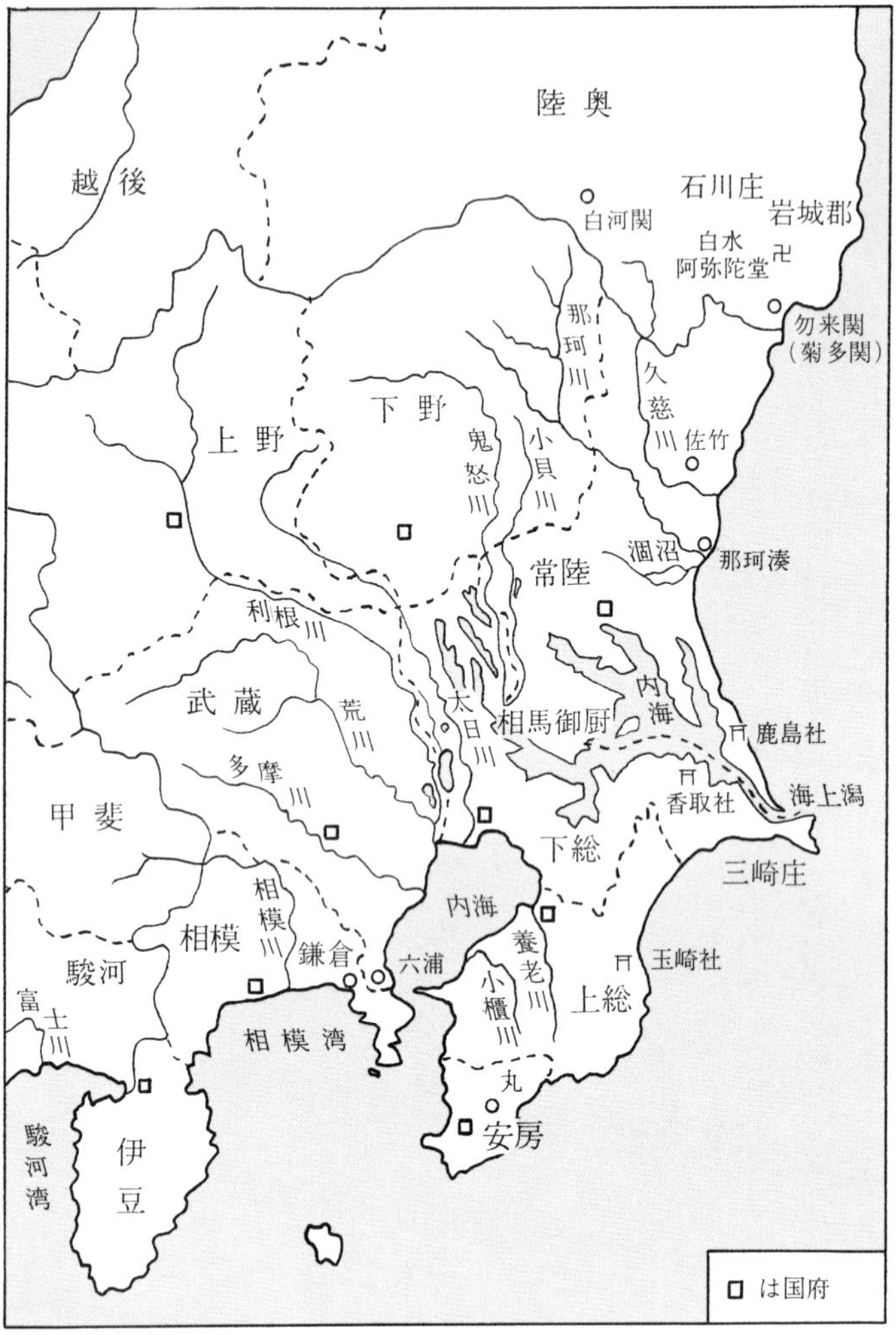

図22　南陸奥と坂東

（出典）　鈴木哲雄『中世関東の内海世界』（岩田書院、2005年）付図をもとに作成。

の娘との間に生まれたのが、治承・寿永内乱期に平家と結び常陸介に補任《ぶにん》された隆義《たかよし》で、もう一人の妻である常陸平氏時幹《ときもと》の娘との間に生まれたのが、平治《へいじ》の乱で源義朝《よしとも》が滅亡した前後の頃、皇嘉門院《こうかもんいん》（藤原聖子《きよこ》）に侍　長《さむらいのおさ》として祗候《しこう》し、その関係から平家の姻戚として下総国に勢力を固めつつあった藤原親政《ちかまさ》（皇嘉門院判官代《ほうがんだい》）と手を結び、平家政権下で

図23　常陸平氏系図

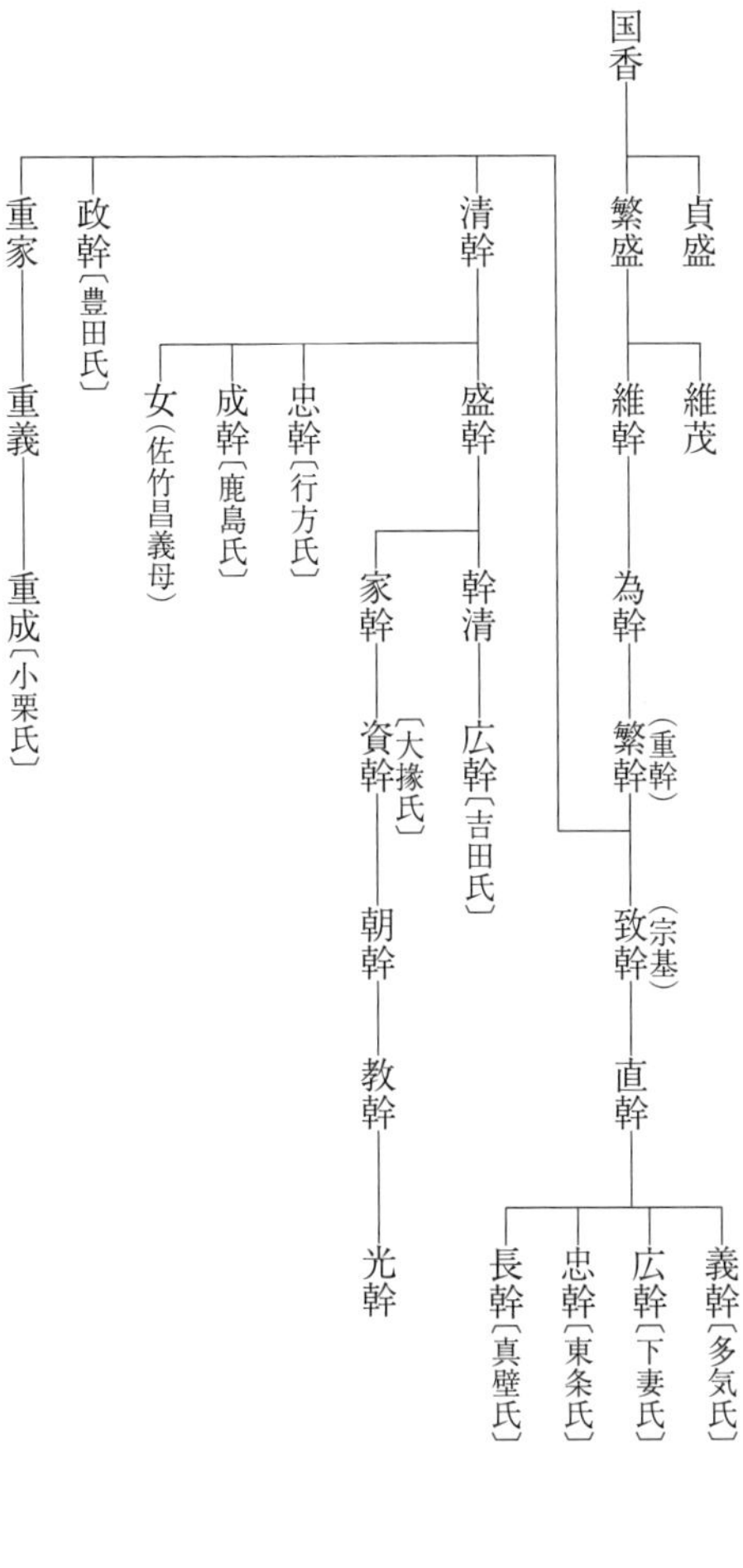

常陸介《ひたちのすけ》に任じられた義宗《よしむね》であった（『佐竹系図』）。

ところで、義光には義業のほか、実光《さねみつ》・義清《よしきよ》・盛義《もりよし》・親義《ちかよし》らの子があったが、このうち義清は、那珂川《なかがわ》水運の拠点に位置する那賀（吉田）郡武田郷（ひたちなか市武田）を本拠として武田氏の祖となる。武田氏は後に甲斐源氏の嫡流として発展をとげるが、名字の地は常陸にあったのである。浅羽本『武田系図』によれば、彼の母は吉田郡を本拠とした常陸平氏吉田清幹《きよもと》の娘であったという。これが事実とすれば、清幹は二人の女子を義光・義業二代に嫁がせたことになる（志田諄一「武田義清・清光をめぐって」）。

義清はやがて妻の実家である吉田氏や鹿島社大禰宜家《おおねぎけ》と対立することとなり、大治五年（一一三〇）、その子清光《きよみつ》は濫行《らんぎょう》をはたらいたとして処罰され、義清とともに甲斐《かい》に移郷されるにいたる。しかし、義清はここで国衙の厩別当《うまやべっとう》の地位にあったと思われる市川氏の婿に迎えられたようで、その支援を受けたばかりか、この少し前の時期に、祖父義光の仕えた六条顕季《あきすえ》の子の長実《ながざね》がこの国の知行国主《ちぎょうこくしゅ》であったという好条件も手伝って、甲斐国に大きな勢力を築くことに成功し、やがて甲斐源氏の祖と仰がれるにいたるのである（五味文彦「甲斐国と武田氏」『武田氏研究』第一九号、一九九八年）。

義国流足利氏・新田氏

新田・足利氏の祖となる義国は、寛治《かんじ》三年（一〇八九）、義家と摂関家（藤原師通《もろみち》）の家司《けいし》藤原有綱《ありつな》の娘との間に生まれた。有綱は上野国《こうずけ》の知行国主日野家の傍流であり、義国が上野国新田郡に進出し得た背景として母方の一族の支援が想定される（峰岸純夫・小谷俊彦・菊地卓「中世の足利」『近代足利市史』一九七七年）。

さらに、彼の子息のうち、足利氏の祖となる義康《よしやす》の母は、嘉保《かほう》三年（一〇九六）に下野守に任じた源有房《ありふさ》（村上源氏・鳥羽院北面）の娘、新田《にった》氏の祖となる義重《よししげ》の母は、康和《こうわ》二年（一一〇〇）に上野介に在任していた藤原敦基《あつもと》の娘であり、母方のみならず妻方の一族の支援も彼の下野・上野進出の背景にあったものとみてよい。もとより、知行国主・受領層にとっても、東国に武名の高い河内源氏との提携は、任国支配あるいは在任中そこに設定した権益を維持するうえで好都合な面が大きかったのであろう。

また、彼は父義家の築いた北坂東における勢力を継承する役割を担っていたようで、前述のように、嘉承元年（一一〇六）、常陸国で叔父義光および平重幹と合戦を起こしている。天仁《てんにん》二年（一一〇九）、義家の後継者に定められていた義忠が義光の郎等《ろうどう》、鹿島三郎（吉田清幹の子）に殺害されるという事件が発生するが、義忠が義国の同母弟であることを考えあわせると、この事件の背景には義家流と義光流の河内源氏の嫡流をめぐる争いのみならず東国におけるテリトリー争奪の側面が看取されるのである（須藤聡「平安末期清和源氏義国流の在京活動」『群馬歴史民俗』第一六号、一九九五年）。

その後、義国は、今度は義家の後継者に立てられた為義《ためよし》と競合するにいたったらしく、永久《えいきゅう》二年（一一一四）八月、雑物《ぞうもつ》を押し取って上野国司に訴えられた「郎等家綱《いえつな》」の召進をめぐって為義と対立することがあった。この家綱は藤原秀郷流の足利氏で、下野国足利郡郡司職《ぐんじしき》を帯し、その一族の勢力は下野国南西部から上野国一帯に及んでいた。義光流が在地の常陸平氏と結んでいたように、義家流は在地の豪族的武士団である秀郷流藤原氏と連携していたのである。

ちなみに、これと同じころ、九条太政大臣（藤原信長《のぶなが》）の後家《ごけ》より、為義の郎従である同家領下野庄司棟佐《むねすけ》・源永《げんえい》を荘内から追却すべき旨の訴えがなされている（戸田芳実『中右記　躍動する院政期の群像』そしえて、一九七九年）。

一方、義国も義光の子の義業（義成）と同様に「京武者」として活動していた。以下、彼とその子息である義康・義重の事績について、須藤聡氏の研究（「平安末期清和源氏義国流の在京活動」）を参照しながらみていきたいと思う。

まず、義国の官歴であるが、兵部丞《ひょうぶのじょう》・式部丞《しきぶのじょう》・加賀介《かがのすけ》を歴任し、従五位下の位階を得たことが確認できる。天承《てんしょう》元年（一一三一）九月、時に兵部丞であった義国は鳥羽殿《とばどの》の城南寺流鏑馬《やぶさめ》に射手《いて》を献じているが、これによって彼が院北面に祗候《しこう》していたことが知られる。

義国の京武者《きょうむしゃ》としての活動は永久二年ごろから、勅勘《ちょっかん》をうけて下野に下向・籠居《ろうきょ》する久安《きゅうあん》六年（一一五〇）までの約三十五年間に及んだが、この間もしばしば東国に下向して在地経営に関わっていたようで、康治元年（一一四二）には下野国足利郡の所領を鳥羽殿内の安楽寿院《あんらくじゅいん》に寄進して足利庄を立てている。

しかし、このような在地経営の積極化は、在来勢力との軋轢《あつれき》を引き起こすこととなる。秀郷流藤原家綱《いえつな》との伊勢神宮領簗田御厨《やなだのみくりや》（栃木県足利市福富町周辺）の領主権をめぐる対立は、その顕在化したものであった。前述のように、家綱はかつて義国の郎等と見なされた存在で、在地における支持勢力だったのである（峰岸純夫・小谷俊彦・菊地卓「中世の足利」）。その離反の背後には、ちょうど常陸における武田義清と常陸平氏吉田氏との関係と共通した事情が見いだせるであろう。

義国の子、義康も父同様に鳥羽院北面に祗候する京武者として活動し、大膳亮《だいぜんのすけ》を経て検非違使右衛門尉《けびいしうえもんのじょう》に任じている。保元《ほうげん》の乱に際しては源義朝とともに内裏高松殿《だいりたかまつどの》の守護にあたり、また百余騎を率いて白河殿《しらかわどの》を攻め、その功績によって昇殿をゆるされ、蔵人《くろうど》に任じ従五位下に叙されるにいたっている。

彼の妻は義朝の正室である熱田大宮司家《あつただいぐうじけ》藤原季範《すえのり》の娘の姉妹または姪にあたり、このことから義朝と義康の協調関係が想定される。

かくして義康は、保元の乱後、平清盛《きよもり》・源義朝につぐ在京軍事力としての地位と諸大夫《しょたいふ》(「侍」より上層の四位・五位クラスの中級貴族)としての身分を確立し、一方の武家の棟梁への途を歩まんとしたが、それは彼が保元二年(一一五七)五月に死去したために挫折を余儀なくされるのである。

一方、義国の長男である義重は長く東国にあり、在京していた父に代わって所領の経営にあたっていたようである。彼の在京活動は、久安六年(一一五〇)、父義国が下野に籠居し、さらに新田庄(群馬県新田郡・太田市周辺)に居住するようになってから、これと入れ替わるように開始される。

なお、ここで注目しておきたいのは、彼が上野において国衙や河川・大道に規定された交通網の掌握に配慮しながら子息を配置し、居館網を構築していたとする岡陽一郎氏の指摘である（「中世居館再考」五味文彦編『中世の空間を読む』吉川弘文館、一九九五年）。そういえば、保元の乱の直前のころ、源義賢《よしかた》（義朝の子で木曾義仲《きそよしなか》の父）の拠った武蔵国大蔵《おおくらの》館《たち》（埼玉県比企郡嵐山町大蔵）も荒川水系の都幾《とき》川と鎌倉街道の交差する要衝に位置していた。

地域的軍事権力の構築

義光・義国の子や孫たちの坂東進出の状況をみてきた。彼らは摂関家の家政機構や知行国主・受領の国衙支配システムに依拠しながら北坂東の諸国に展開したが、その背景として、自力救済・武力抗争の渦中にあった在地勢力側からの彼らの調停機能に対する期待が存在したことを指摘できる。

義光・義清は常陸平氏（大掾氏・吉田氏）、義国は藤姓足利氏というように、彼らは在地勢力に迎えられ、その輿望《よぼう》を担ったがために相互に敵対するようになっていったのである。また、彼らは摂関家に代表される権門に従属して京都を政治的活動の場とする存在（京武者）であったから、中央における対立が在地の抗争にダイレクトに反映することになるのは必然の成り行きでもあった。

一方、京武者を養君や婿に迎えることによって同族ないし近隣勢力との対立に勝利して強大な勢力を確立した存在こそが、常陸平氏（大掾氏）や藤姓足利氏など在地系豪族的武

図24　藤姓足利氏系図

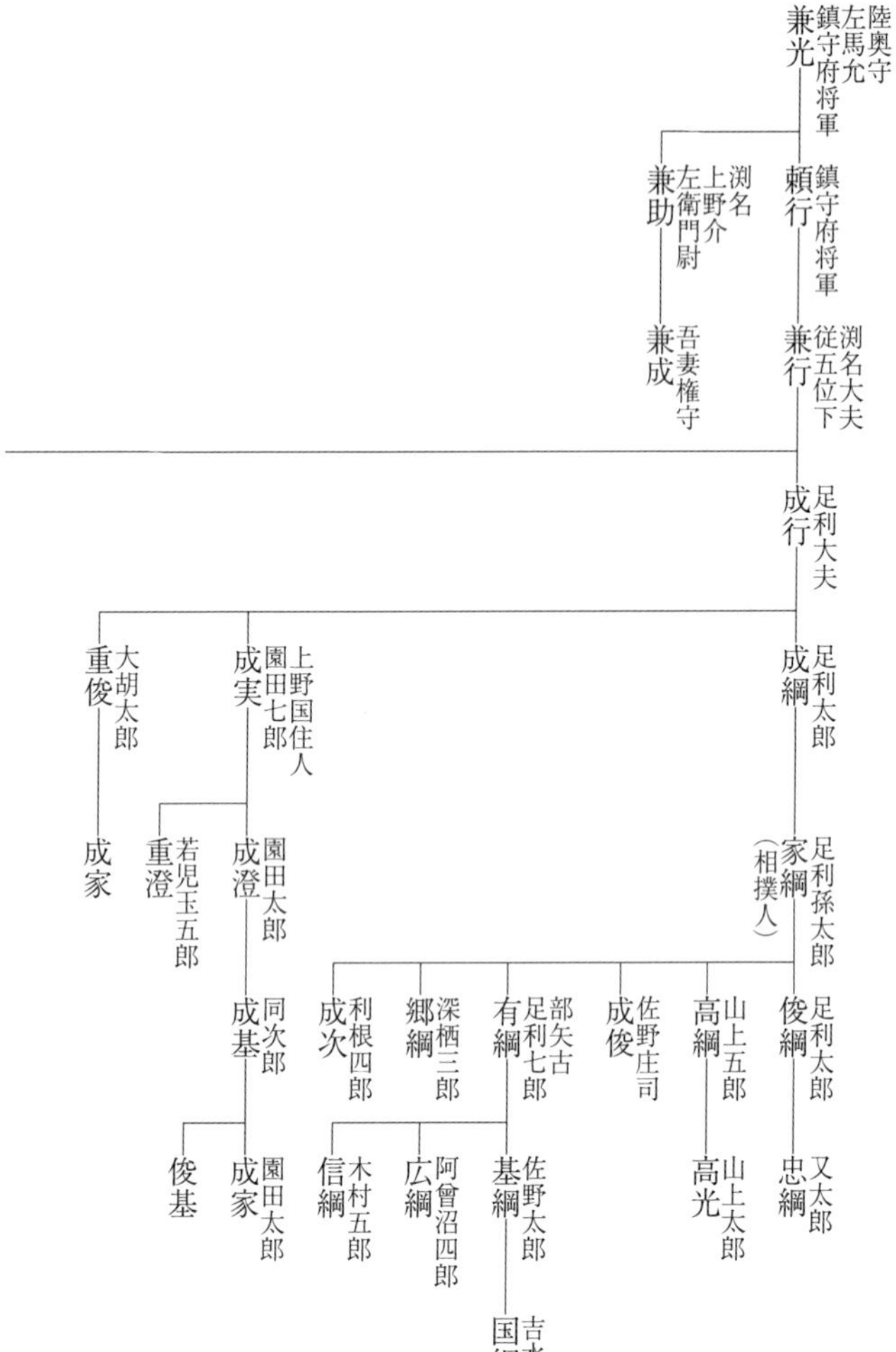
陸奥守 左馬允 鎮守府将軍
兼光
鎮守府将軍
頼行
渕名 上野介 左衛門尉
兼助
渕名大夫 従五位下
兼行
吾妻権守
兼成
足利大夫
成行
足利太郎
成綱
上野国住人 園田七郎
成実
大胡太郎
重俊
足利孫太郎
家綱
（相撲人）
園田太郎
成澄
若児玉五郎
重澄
成家
足利太郎
俊綱
山上五郎
高綱
佐野庄司
成俊
部矢古 足利七郎
有綱
深栖三郎
郷綱
利根四郎
成次
同次郎
成基
又太郎
忠綱
山上太郎
高光
佐野太郎
基綱
阿曾沼四郎
広綱
木村五郎
信綱
園田太郎
成家
俊基
吉水太郎
国綱

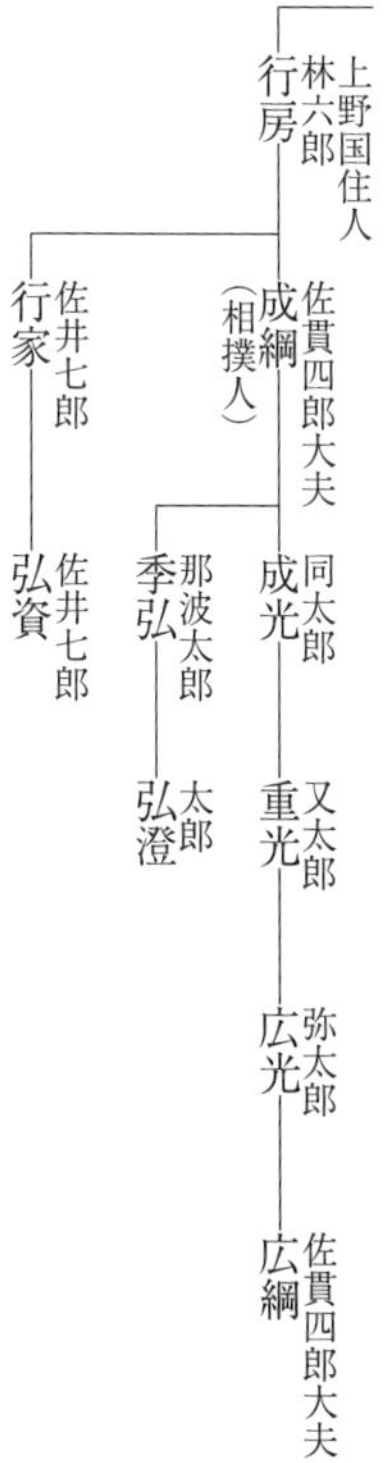

士団の実体であった。源氏諸流は、王朝政府の権力を背後に負いながら、貴種性と武威をもって在地紛争の調停を期待しうる存在であった。その力に頼ることなしに、在地武士団は、その存続・発展に資する方策を見い出せなかったのである。

しかし、常陸における義清と吉田氏、下野における義国と足利家綱のケースにみられるように、やがて新来の源氏系の武士が在地経営を積極化し、それと並行して貴種性を喪失する一方、在地武士が中央に活動の場を得ていくようになると、源氏諸流と在来の豪族的武士団との間に齟齬《そご》が発生することとなる。

これは新田氏の場合も同様で、承安《じょうあん》二年（一一七二）十二月、義重は藤姓足利氏一族の園田《そのだ》（薗田）氏とみられる「上野国園田御厨司」から乱妨を政府に訴えられている（『玉《ぎょく》葉《よう》』）。こうなると、在来勢力は在地化した京武者よりも高次の存在に庇護《ひご》を求めることになる。そこに登場するのが「武家の棟梁《とうりょう》」であり、その完成形態が「鎌倉殿《かまくらどの》」であった。

源為義の闘い

源氏嫡流家の凋落

河内《かわち》源氏嫡流家に目を転じよう。義家の子、義親《よしちか》は対馬守《つしまのかみ》に任じたが、康和《こうわ》三年（一一〇一）、舅《しゅうと》の前肥後守高階基実《ひごのかみたかしなのもとざね》と結託して九州で乱行をはたらき隠岐《おき》へ配流《はいる》された。しかし、嘉承《かじょう》二年（一一〇七）、出雲《いずも》に渡り官物《かんもつ》を奪取して近隣諸国を支配するにいたったため、白河院の命を受けた平正盛《まさもり》に追討されている。

義親の行動の背景には、先にみた常陸における義光の場合と同様に近隣在地勢力の同意があり、それは地域的軍事権力の樹立の方向性を示すものとして評価される。鎌倉幕府は、こうした存在がさらに統合され、より広域的に展開した政治権力とみることができるのである。

しかしながら、こうした地方における紛争の惹起《じゃっき》と一族間の対立抗争によって、院政期の河内源氏は、伊勢平氏の台頭に反比例するかのようにその武門としての地位を著しく凋落《ちょうらく》させ、その傘下《さんか》にあった京武者や畿内近国に本拠を有する郎従《ろうじゅう》に離反された。こうした最も低迷した時期に嫡流を継承した為義《ためよし》は、政治的な不遇に甘んじながらも、その打開策として遠隔地の武士団の組織化に乗り出していくのである（元木泰雄「十一世紀末期の河内源氏」古代学協会編『後期摂関時代史の研究』吉川弘文館、一九九〇年）。

為義の構想

永久《えいきゅう》二年（一一一四）五月のころ、安房国《あわのくに》の住人で伊豆とも関係を有する公政《きんまさ》（公正）なる者が主人源重時《しげとき》（源満政《みつまさ》の子孫）への負物《ふもつ》の弁済《べんさい》を逃れて、為義の庇護《ひご》を頼るという事件が起きた。この時、為義は検非違使《けびいし》からの身柄引き渡し命令に応じず、公政を積極的に保護する態度を示している（戸田芳実『中右記　躍動する院政期の群像』）。為義にとって、公政は太平洋水運に関わる重要な存在だったのであろう。

また、保延《ほうえん》二年（一一三六）のころ、為義は近江《おうみ》に下向《げこう》して佐々貴山君《ささきやまのきみ》系佐々木氏の郎《ろう》等化《どう》をはかっているが、その際、当時この佐々貴山君系と一体化しつつあった宇多源氏《うだげんじ》系佐々木氏とも主従関係を結ぶことに成功したらしい。宇多源氏系佐々木氏は平泉藤原氏と姻戚関係を有しており、秀義《ひでよし》（秀衡《ひでひら》の妻の甥）は、為義・義朝の二代に仕え、奥州の馬・砂金《さきん》・鷲羽《わしのはね》などを調達する際の「専使《せんし》」として活動することになる（『野田文書』）。

為義と熊野山との関係は周知に属するが、その背景に当時熊野の勢力が太平洋を北上して陸奥にまで及んでいたことが想起される（大石直正『奥州藤原氏の時代』吉川弘文館、二〇〇一年）。為義はまた、後世新義真言宗《しんぎしんごんしゅう》の派祖とされた高野山の覚鑁《かくばん》に名簿《みょうぶ》を奉呈しているが、この覚鑁は元永《げんえい》二年（一一一九）平正盛《まさもり》によって追討された肥前《ひぜん》平氏彼杵党《そのぎとう》の出身で、肥前平氏の本拠藤津《ふじつ》（佐賀県藤津郡・鹿島市）は九州西岸の海上交通の拠点であっ

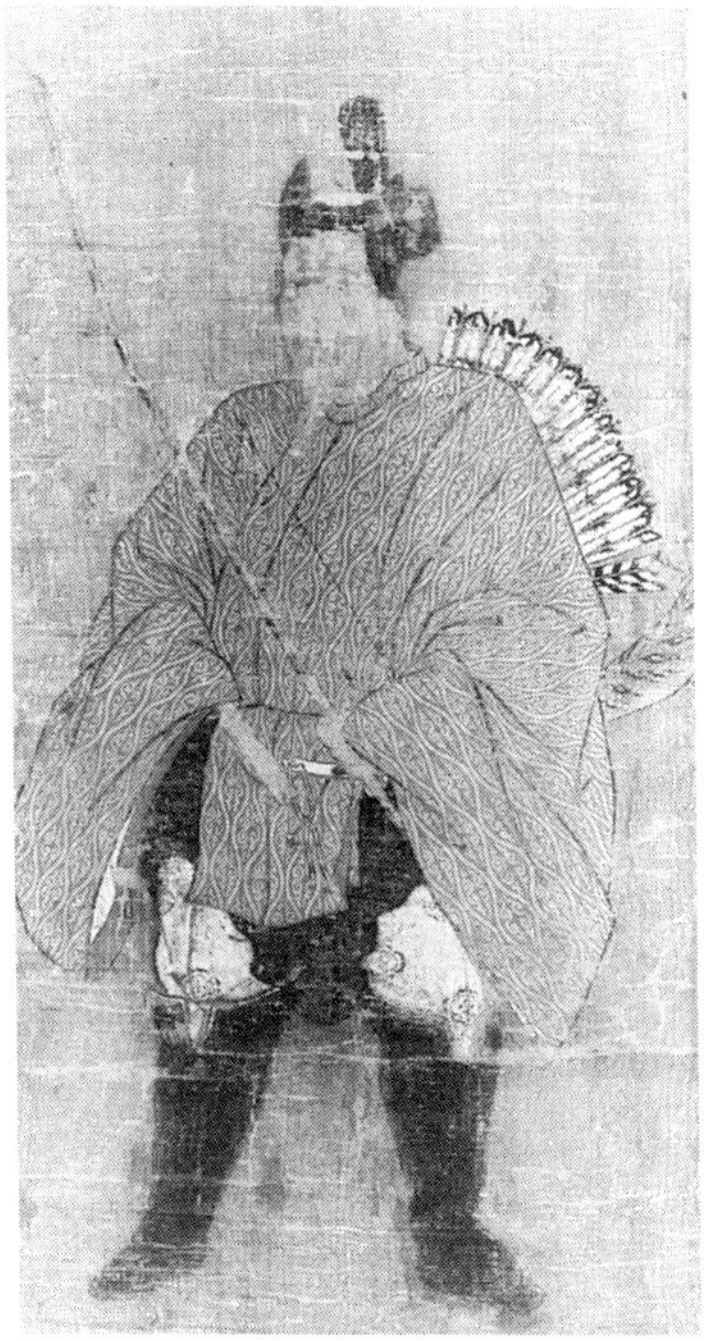

図25　(伝)源為義画像（京都府・白峯神宮所蔵）

た（拙稿「薩摩と肥前」『鹿児島中世史研究会報』五〇、一九九五年）。さらに、為義は箱根山別当行実《ぎょうじつ》に東国における家人《けにん》の催促を行う権限を委ねていたという（『吾妻鏡』治承四年八月二十四日条）。

為義は宗教勢力との提携を積極的に進めているが、その背後には地方武力の編成と流通拠点掌握を目的とする周到な計算がうかがえるのである。

列島各地に展開する為義の子息たち

こうしてみると、為義の子息たちの多くが列島各地に進出していることも偶然ではないように思われる。まず、長子義朝は「坂東《ばんどう》ソダチノモノ」（『保元物語《ほうげんものがたり》』上）で、平忠常の直系にして上総国《かずさのくに》の豪族的武士である上総常晴ないしはその子常澄の養《よう》君《くん》として「上総曹司《かずさぞうし》」（『天養記《てんようき》』）と呼ばれたが、やがて相模の豪族的武士三浦義明《よしあき》の婿となって鎌倉を本拠に近隣の武士団の統合に乗り出す。その結果、義朝は下総《しもうさ》の千葉氏や相模《さがみ》の大庭《おおば》氏などの在地の有力武士を家人として編成したばかりでなく、直属の郎等であった首藤《すどう》氏と大中臣氏をそれぞれ鎌倉の北・東に隣接する山内庄《やまのうちのしょう》（鎌倉市北部・横浜市戸塚区）・六浦庄《むつらのしょう》（横浜市金沢区）に配置している。

義朝が南坂東《ばんどう》に勢力を扶植したのに対して、その弟の義賢は上野《こうずけ》国多胡庄《たこのしょう》（群馬県多野

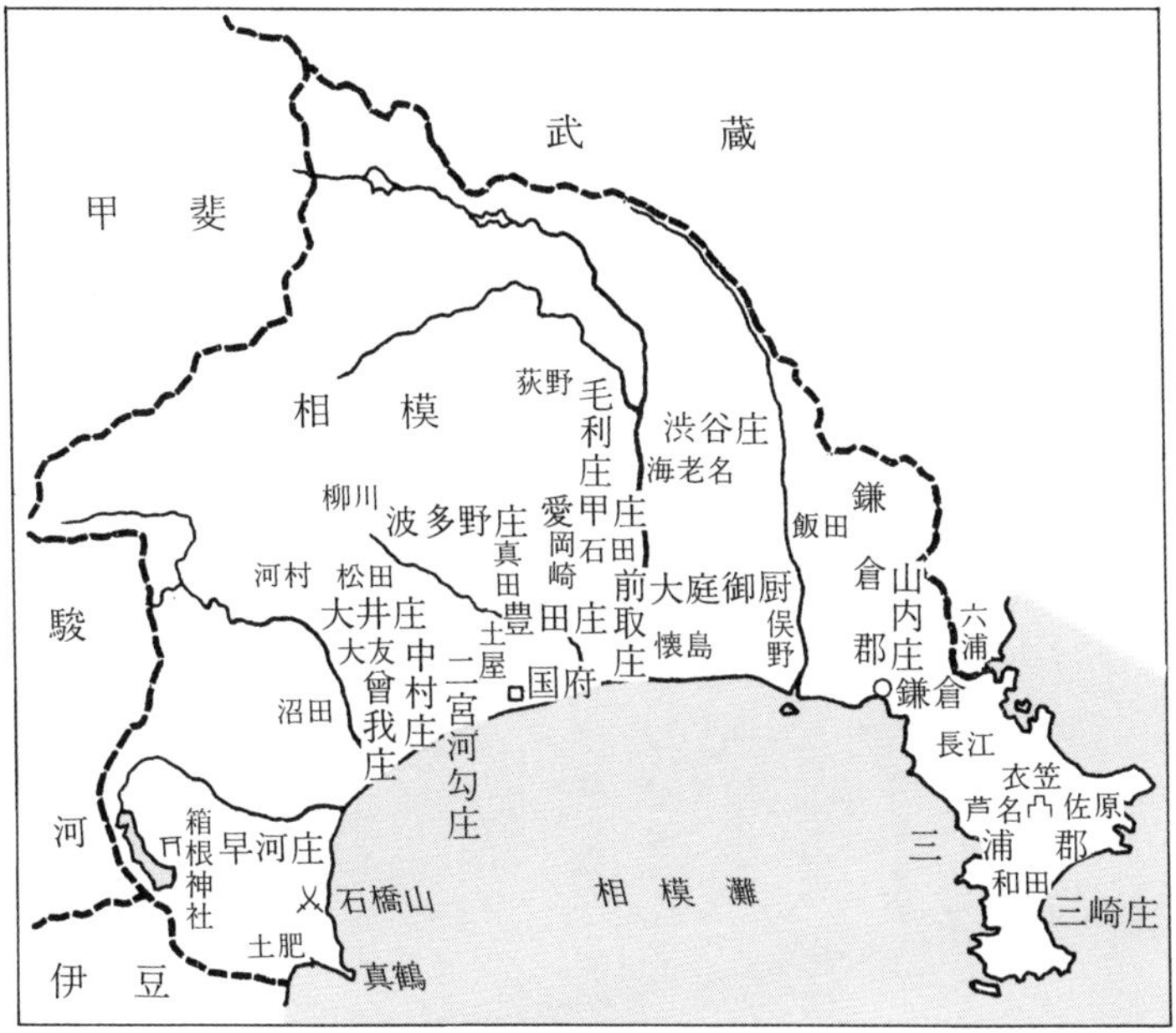

図26　12世紀末期の相模国

郡吉井町）を中心に北坂東に進出した。その後、彼は義朝の子、義平《よしひら》に武蔵で討たれることになるが、その経緯は後述に委ねよう。

強弓《ごうきゅう》で知られる為朝《ためとも》（鎮西《ちんぜい》八郎）の鎮西下向が為義の意志によるものであったことは『保元物語』巻上の明記するところである。為朝は肥前平氏と関係の深い薩摩平氏《さつまへいし》一族の阿多忠景《あたただかげ》の婿となり、薩摩・豊後を中心に九州を席捲《せっけん》した（五味克夫「平安末・鎌倉初期の南薩平氏覚書」鹿児島大学『文学科論集』第九号、一九七四年）。

為義の十男の義盛《よしもり》（のちに行家《ゆきいえ》と改名）は保元・平治の乱後、熊野新宮にあって新宮《しんぐう》十郎と称した。これは為義がすでに熊野別当家と関係を有していたためである。為義は別当家の女性との間に一女（鳥居尼）をもうけ、彼女は十九代別当行範《ぎょうはん》（鳥居法眼《ほうげん》・新宮別当）の妻となり、二十二代別当となる行快《ぎょうかい》らを産むこととなる。

ちなみに、坂東における熊野山領荘園としては、相模国の相模川水系沿いに位置した愛《あい》甲庄《こうのしょう》（神奈川県厚木市愛甲周辺）と、房総半島の内海（東京湾）東岸から小櫃《おびつ》川水系沿いに展開した上総国畔蒜庄《あびるのしょう》（千葉県君津市・袖ケ浦市・木更津市のあたり）および太平洋に通じる潟湖椿海《つばきのうみ》に臨む下総国匝瑳南庄《そうさなんしょう》（匝瑳市・横芝光町）があり、前二者については為義が立荘の仲介にあたった可能性がつよく、特に畔蒜庄（畔蒜南庄・畔蒜北庄）は、義朝

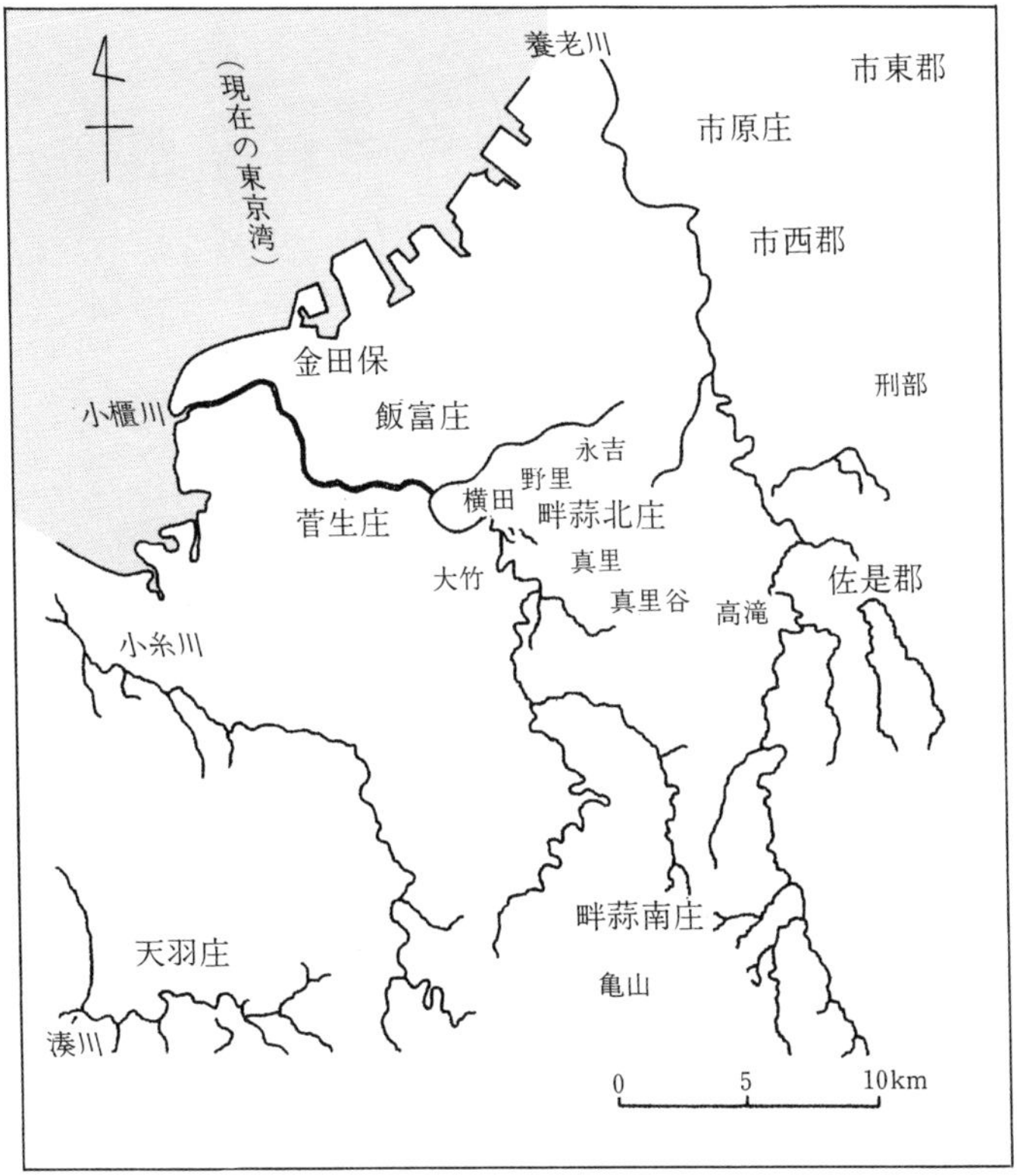

図27　上総国小櫃川水系沿いの荘園

が「上総曹司」と呼ばれた少年期の居所とも考えられている。

また、その契機は不明であるが、平治の乱以降のある時期から、為義の三男義広《よしひろ》（志太《しだ》三郎先生《せんじょう》・義範《よしのり》とも）も、太平洋に通じる常総内海《じょうそうないかい》の要衝に位置する常陸国信太庄《しだのしょう》（茨城県稲敷市・土浦市周辺）に居住していた（盛本昌広・市村高男『龍ヶ崎市史』中世編、一九九八年）。

なお、為義には熊野別当の妻になった娘のほかに、航海守護の神として知られる摂津住吉社《せっつすみよしじゃ》の神主の妻となった娘もあり（『保元物語』下）、これも為義のうった布石の一つといえるであろう。

源氏と美濃青墓の長者

天永《てんえい》三年（一一一二）十二月の末、相模守藤原宗佐《むねすけ》が任国で卒去したという知らせが都に伝えられた（『中右記《ちゅうゆうき》』）。そして翌永久《えいきゅう》元年四月四日、この相模守藤原宗佐の目代《もくだい》を殺害した犯人が検非違使平忠盛《ただもり》に渡されている。

一方、『長秋記《ちょうしゅうき》』の同年三月四日条には、内記《ないき》太郎なる者を殺害した横山党二十余人を追討すべく、常陸・相模・上野・下総・上総五ヵ国に宣旨《せんじ》が下されたことがみえているから、この内記太郎と相模目代は同一人物であろう。

どうやら当時、相模では国守の死をきっかけにして目代と在地勢力の間で紛争が起きていたもののようである。横山党《よこやまとう》（小野氏）は武蔵国多摩《たま》郡（東京都八王子市周辺）の有力武士団であるが、隣国の相模にまで勢力を及ぼしていたのであろう。

ところで、『小野系図』には、横山党の小野隆兼《たかかね》が源為義の代官愛甲内記平大夫《へいたいふ》を打ち殺したので、追討宣旨が下され、隆兼は頑強に抵抗したが、ついに上洛して咎《とが》なきことを陳訴して許され、為義から白弓袋と愛甲庄を賜ったとあって、この事件について述べたものと思われる。横山党に討たれた内記太郎あるいは内記平大夫は、『吾妻鏡』建久元年（一一九〇）十月二十九日条にみえる内記大夫行遠《ゆきとお》に比定することができる。

図28　源氏と青墓長者の関係系図

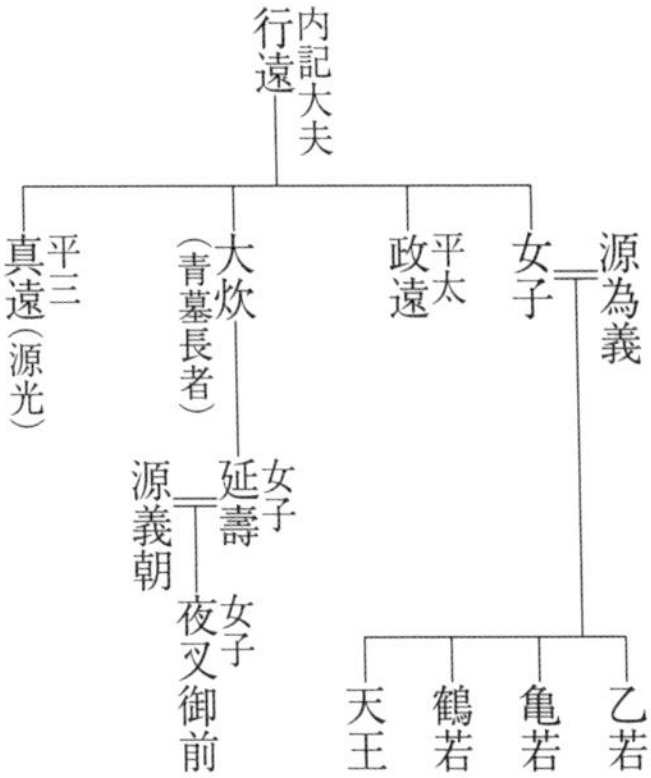

この条の記事は、上洛の途上にあった源頼朝が東山道の宿駅として有名な美濃《みの》国青墓《あおはか》（大垣市）において、彼の父義朝が都と坂東の間を往復するたびにここに止宿し、行遠の娘で宿の長者であった大炊《おおい》をその寵物《ちょうもつ》（愛人）としていたという旧好から、大炊の息女らを召出して褒美《ほうび》の物を与えたという内容である。

さらに行遠の別の息女は源為義の妾となって乙若《おとわか》・亀若《かめわか》・鶴若《つるわか》・天王《てんのう》を産み、子息の内記平太政遠《まさとお》は、保元の乱で斬首された乙若以下、為義の幼息に殉《じゅん》じて自殺しており、また平三真遠《さねとお》は、平治の乱に敗れた義朝が青墓に逃れてきたとき、秘計をめぐらして尾張《おわり》の内海（愛知県南知多《ちた》町内海）に送った功があったのだという。

行遠は平姓《へいせい》で、中務省《なかつかさしょう》に属する内記の官名を名乗り、しかも大夫《たいふ》＝五位の位を有しているから、本来は京武者の一員であり、美濃青墓の宿長者《しゅくのちょうじゃ》と婚姻関係を結ぶなどして在地に進出したことが想定される。相模目代任用との前後関係は不明だが、為義はこの内記行遠をみずからが領主権を有していた熊野山領愛甲庄の代官に補《ほ》したのであろう。ちなみに、愛甲庄に隣接する毛利庄（神奈川県厚木市・愛川町）は義家の子、義隆《よしたか》の名字地になっている。

青墓宿の長者内記氏を家人とし、さらには血縁的紐帯《ちゅうたい》をも取り結んだのは、為義が陸上交通の要地掌握にも意を用いていたことを物語る。なお、為義が横山党をゆるし、愛甲庄を与えたという『小野系図』の記事からは、またしても源氏が紛争の調停者として在地勢力の編成をはかる姿を垣間みることができよう。

摂関家の武力としての源氏

為義ないしその子息たちによる遠隔地武士団の編成には、彼らが奉仕する権門の家産機構に依拠する側面があったことを指摘しておかなければならない（元木泰雄「十一世紀末期の河内源氏」）。右に述べたように、熊野山領相模国愛甲庄は在地領主職を為義が掌握し、その郎等で美濃国青墓長者家の内記氏が代官を務めていた。同領上総国畔蒜庄の場合も、義朝を養君とした上総氏が在地支配権を与えられていたとみてよい。また、前述のように、下野国に所在した九条太政大臣藤原信長後家《ごけ》領荘園の下司二人はともに為義の郎従であった。

しかし、いうまでもなく、当時の河内源氏嫡流が最も頼みとした権門《けんもん》は摂関家（忠実《ただざね》—頼長《よりなが》）であり、摂関家の家領支配に食い込むことによって、為義は多くの地方武士を主従関係のもとに置くことができたのである。

鎌倉の所在する相模国には源氏に従った武士団が多かった。天養《てんよう》元年（一一四四）、源義朝は国衙《こくが》と結託して大庭御厨《おおばのみくりや》（神奈川県藤沢市・茅ケ崎市）に三浦庄司義次《みうらのしょうじよしつぐ》・中村庄司宗平《なかむらのしょうじむねひら》らをはじめとする私兵を乱入させたが、この両名はそれぞれ摂関家領三崎庄（三浦市・横須賀市）・早河（早川）庄（小田原市）の在地領主であった。また、保元の乱で義朝に従った波多野義通《よしみち》の本拠波多野庄（秦野市周辺）も摂関家領であり、三浦義明《よしあき》の娘は義《よし》平《ひら》、波多野義通の妹は朝長《ともなが》と、それぞれ義朝の子を産み、中村氏の娘は義朝・頼朝二代の乳母《めのと》となるという緊密な関係にあった。義朝は結果的に保元の乱で為義や摂関家と対立することになるが、その坂東下向は父の権威と摂関家領の荘官をつとめる在地武士の支援を期待してのことだったのである（元木泰雄「保元の乱における河内源氏」『大手前女子大学論集』第二二号、一九八八年）。

このほか、義朝が少年期をすごした上総にも摂関家の荘園として菅生庄《すごうのしょう》（千葉県木更津市）があり、義朝が住んだのは熊野山領畔蒜庄よりも、むしろこちらの方が可能性が高いようにも思われる。さらに、古活字本『保元物語』（下）に為義の幼子鶴若の乳人《めのと》として登場する佐野源八《げんぱち》が実在したとすれば、左大臣藤原頼長領下野国佐野庄（栃木県佐野市）の在地武士とみることができよう。

先に為朝との関係を指摘した薩摩の阿多忠景は、東シナ海に注ぐ万之瀬川《まのせがわ》河口に南島《なんとう》や大陸との交易拠点を置いて大きな富を手にしていたことが想定されているが、その付近に位置する持躰松遺跡《もったいまついせき》（鹿児島県南さつま市金峰町）からは楠葉《くずは》（大阪府枚方市《ひらかた》）など畿内の摂関家領で生産された瓦器《がき》のまとまった出土が報告されており、その背後に摂関家に代表される京都の権門が深く関わっていたことが明らかである（大庭康時「集散地遺跡としての博多」『日本史研究』第四四八号、一九九九年。「金峰町歴史シンポジウムに参加して」『中世土器研究』九九号、二〇〇〇年)。万之瀬川河口が薩摩・大隅《おおすみ》・日向《ひゅうが》三ヵ国にまたがる最大の摂関家領荘園である島津庄の外港《がいこう》として機能したと想定すれば、摂関家の武力を構成する為朝と阿多忠景との連携は、摂関家・河内源氏・阿多氏三者の利害に合致するものであっ

図29　三浦氏・中村氏系図

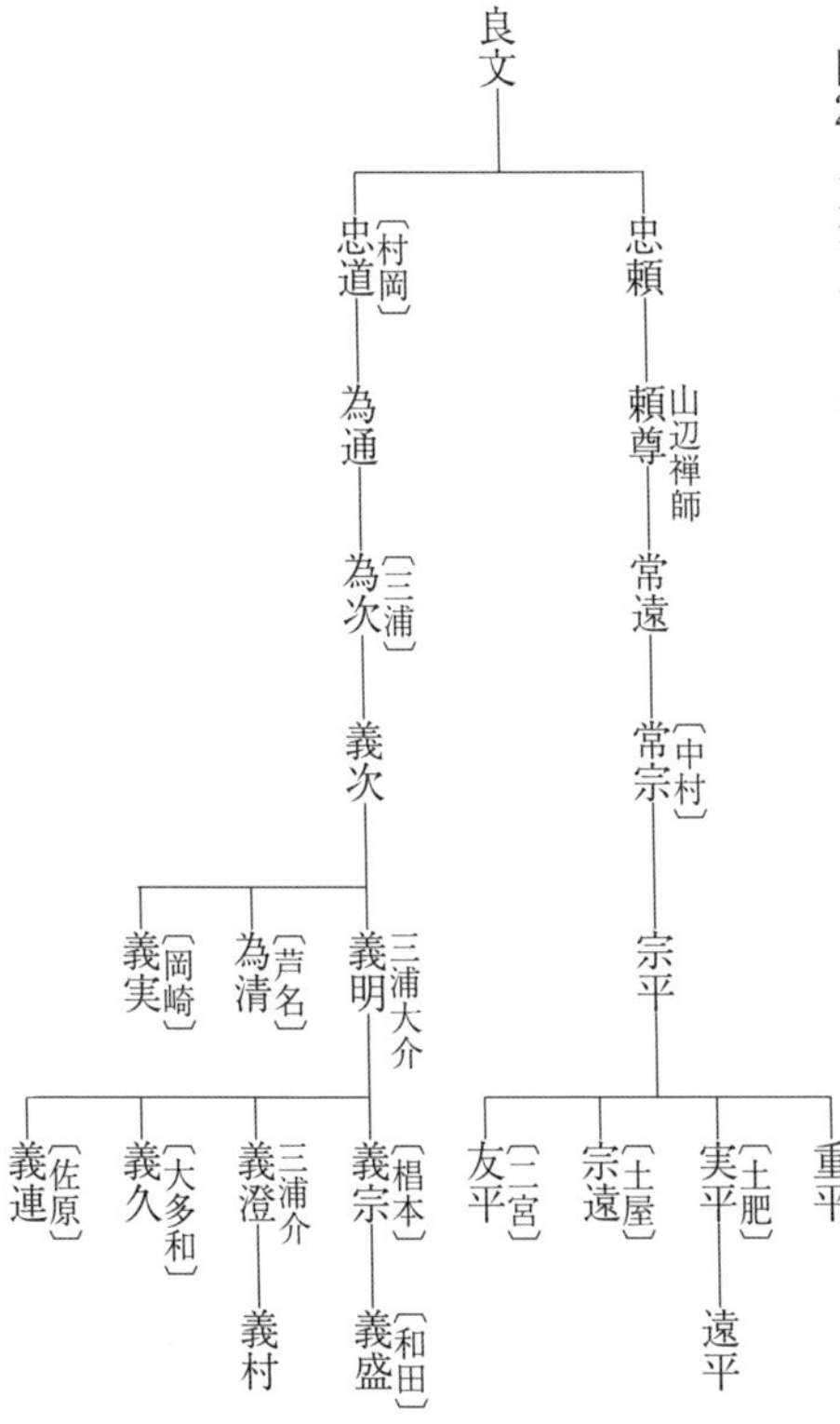

たといえる。保元・平治の乱後に平家が島津庄の実質支配を目指したのは為朝の行動を前提にしたものとみなされるのである。

淀川河口に位置する摂津国大物浦《だいもつのうら》（兵庫県尼崎市）に為義が進出することができたのも摂関家・頼長の意向に基づくものであったし（元木泰雄「保元の乱における河内源氏」）、為義の嫡子で頼長と男色関係にあったことの知られる義賢《よしかた》は、康治《こうじ》二年（一一四三）、頼長から能登《のと》国に所在する荘園の預所職《あずかりどころしき》を与えられている。久安《きゅうあん》三年（一一四七）六月、義賢は年貢の不納のためにこの職を罷免《ひめん》されるが（『台記』）、そうでなければこの荘園は河内源氏の北陸進出あるいは日本海流通支配の拠点となるべきところであっただろう。また、為義の郎等となった近江《おうみ》佐々木氏（佐々貴山君系）の四郎行正《ゆきまさ》が兄の三郎宗真《むねざね》とともにすでに「宇治入道殿」（忠実）の舎人《とねり》であったことも指摘しておきたい。

以上みてきたように、為義とその子息たちは、摂関家をはじめとする権門の家産機構に依拠しながら、列島各地に発展のための拠点を作り上げていった。しかし、それは権門の爪牙《そうが》としての動きとしてのみとらえられるべきではない。大物浜《だいもつのはま》に進出した為義の「摂津旅邸」が頼長の命を受けた源頼憲《よりのり》に焼却されることになったり、鎮西における為朝の行動によって為義が解官《げかん》の憂き目にあっていることなどからもうかがわれるように、彼らの動きには、権門内武力としての枠組みを逸脱《いつだつ》する軍事貴族としての自己目的的な側面が看取できるのである。

地方進出の背景

十二世紀前半、河内源氏の庶流（義光・義国の子孫）のみならず、為義の子息たちまでが列島各地に進出した背景については、地方の事情も踏まえて今一度考えてみる必要があるだろう。

この時代、東国でも鎮西においても軍事紛争が頻発した。坂東や南九州では国衙を基盤とする有力武士が成長したが、その在庁官職《ざいちょうかんしょく》は族長権と一体になっており（貫達人《ぬきたつと》「官位と族長」『三浦古文化』第四号、一九六八年）、そのために、各地で同族間抗争が発生していたのである。河内源氏はその調停者としての機能を期待されたのであった。

先にみたように、義朝は上総氏の養君となり、さらに三浦氏や中村氏に擁立されて「鎌倉の楯《たて》」を本拠に南関東を席捲していく。その時期については、彼の長男の義平が三浦義明の娘を母として生まれたのが永治《えいじ》元年（一一四一）と伝えられることが目安になるであろう。

上総氏らが義朝を押し立てた背景としては、同族や周辺諸勢力などとの間で頻発する対立抗争があった。

図30　千葉氏・上総氏系図

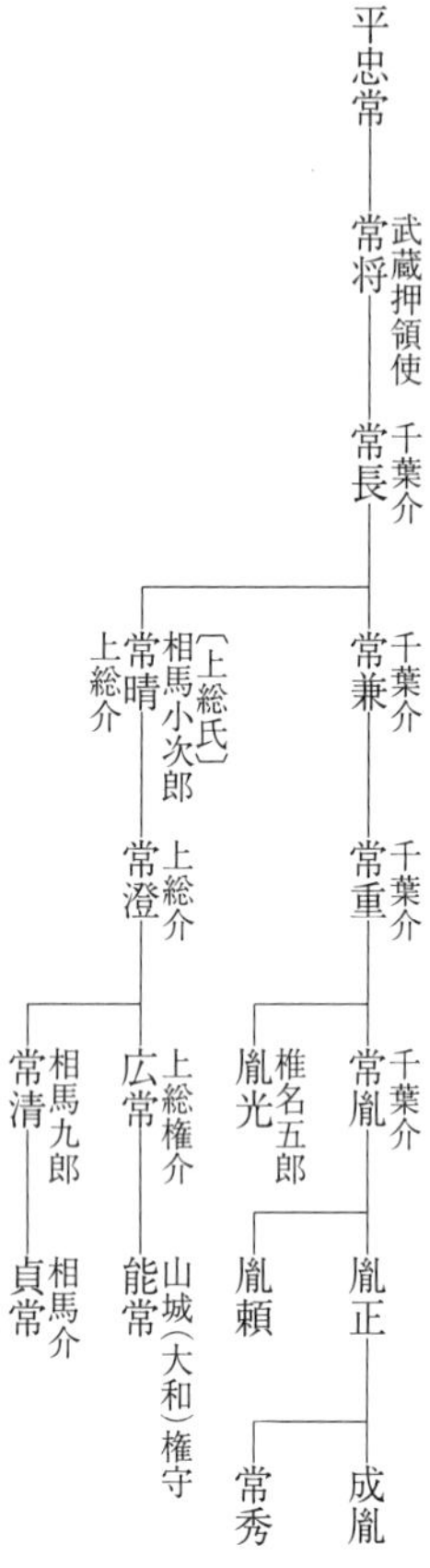

下総国相馬郡《そうまぐん》（千葉県我孫子《あびこ》市から茨城県取手《とりで》市のあたり）は、上総氏の初代常晴《つねはる》が甥の千葉常重《つねしげ》（常繁）に譲った所領である。大治《だいじ》五年（一一三〇）、常重はこの私領を伊勢神宮《いせじんぐう》に寄進して御厨《みくりや》としたのだが、保延《ほうえん》二年（一一三六）、国守藤原親通《ちかみち》から官物《かんもつ》の未進《みしん》を理由に収公《じゅこう》されるなど、その支配権は安定しなかった。日ごろから、常重に相馬の地が譲渡されたことに不満をもっていた常晴の嫡子常澄《つねずみ》は、これに目をつけ、在地武士団の傘下への統合をはかろうとしていた源義朝と結託。康治《こうじ》二年（一一四三）、義朝はその武威にものをいわせて常重に相馬御厨を義朝に譲るという証文を強引に書かせ、天養二年（一一四五）に自分の名義で相馬の地を伊勢神宮に寄進するに及ぶ（『櫟木文書《いちきもんじょ》』）。義朝はこれによ

って相馬御厨の下司職《げしき》を得るとともに、千葉氏の服属を達成し、相馬御厨は一部に千葉氏の得分をのこしつつも、義朝の代官的立場を得た上総常澄の手に帰することになった。

ちなみに、元木泰雄氏は、下総守藤原親通が摂関家に従属する存在であることから、義朝が忠実の権威を利用して親通を抑圧したことを想定している（「源義朝論」『古代文化』第五四巻第六号、二〇〇二年）。

天養元年（一一四四）、当時鎌倉にあった義朝は、相模国留守所《るすどころ》田所《たどころ》目代《もくだい》源頼清《よりきよ》と結託し、伊勢神宮の荘園である大庭御厨（鎌倉権五郎景正の寄進によって成立）内の鵠沼郷《くげぬまごう》（藤沢市鵠沼）が鎌倉郡に属する公領であるという口実をもうけて、郎従清原安行《やすゆき》を在庁官人《ざいちょうかん》らとともに遣わし、神宮供祭料《ぐさいりょう》の魚を奪い、大豆《だいず》・小豆《あずき》等を刈り取らせたのみならず、郷内の住人を搦《から》め取り、神人に重傷をおわせる乱暴をはたらかせた。これに対し神宮側はさっそく政府に提訴を行っているが、この訴訟手続きが進められているさなか、義朝は再び彼の名代《みょうだい》清原安行のほか、国衙の在庁官人ですでに義朝の配下にあった三浦氏・中村氏などを御厨内に乱入させた。この時、義朝の遣わした軍に目代・在庁官人の軍を合わせると千余騎に及んだという。この第二次乱入において、国衙側は御厨の停廃《ちょうはい》を主張しており、乱入した軍は下司大庭景宗《かげむね》の私財雑物《しざいぞうもつ》をことごとく押し取り、神人《じにん》を殺害するなど

図31　熱田大宮司家と源氏の関係系図

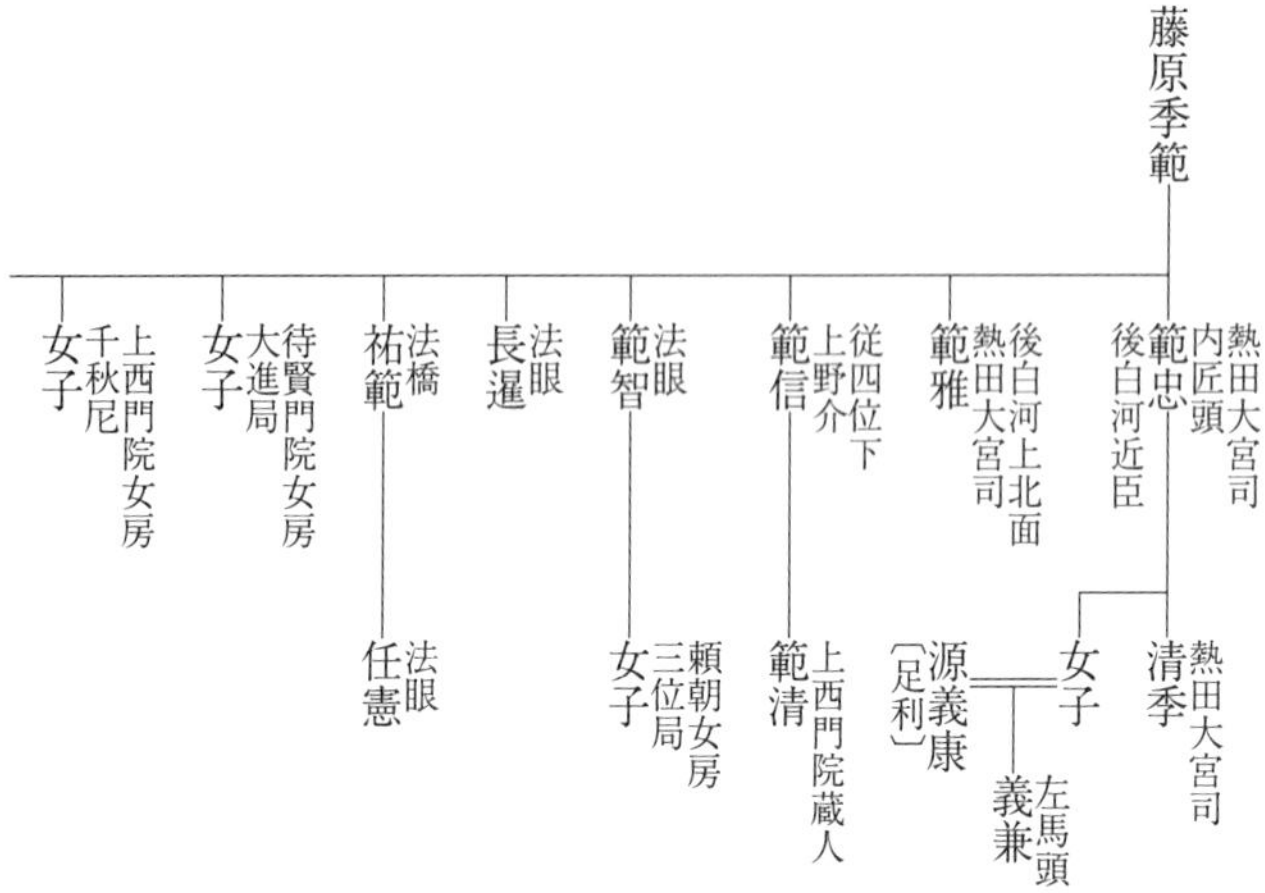

の暴虐をつくした（『天養記』）。

この事件は翌二年三月四日に下された官宣旨《かんせんじ》によって、頼清・義朝の妨《さまたげ》が停止され、御厨の存立が確定されたのであるが、結果的に大庭氏はこれを契機として義朝のもとに服属することを余儀なくされた。すなわち長年、御厨（大庭氏）と国衙（三浦・中村氏ら）の間で継続していた紛争が義朝によって調停されたのである（元木泰雄『武士の成立』吉川弘文館、一九九四年）。

義朝は、この事件で国衙側に立って動いているのだが、伊勢神宮から訴えられた相模守が「義朝濫行《らんぎょう》のことにおいては国司の進止にあたわず」と述べているように（『天養記』）、義朝自身の調停者としての主体的方向性も評価しておく必要があるだろう。

「女子
＝＝源義朝（従四位下　左馬頭）
　├頼朝（上西門院蔵人）
　├希義
　└女子＝＝一条能保

義朝、鳥羽院の武力となる

ところで、ふつう義朝は為義の嫡子《ちゃくし》であったように考えられているが、それは後に義朝の子孫が源氏の主流になったからそう思われるだけで、実は彼は庶子《しょし》としての扱いを受けていたと考えられる。嫡子であるならば、政治活動の舞台である京都を離れて東国に長く下向するなどということはあり得ないからである。

もともと為義は白河院政から疎外されていたというわけではなく、義朝の母も白河院の近臣藤原忠清《ただきよ》の娘であった。為義は彼とその家人たちの粗暴かつ無法な振る舞いによって院の信任を喪失し、その対応策として摂関家に積極的に仕えることになったのである。この段階で義朝は廃嫡され、坂東に追いやられたのであろう（元木泰雄「源義朝論」）。

新たに嫡子に立てられたのは義朝の弟の義賢で、それは義朝が無官だった時、義賢がすでに帯刀先生《たちはきせんじょう》という官職を得ていたことからも裏付けることができる。帯刀先生というのは東宮坊《とうぐうぼう》に属し、皇太子の護衛官の隊長のような役職である。

義賢は摂関家の藤原頼長と深い関係にあった。頼長は「悪左府《あくさふ》」の異名《いみょう》で知られる人物で、その日記『台記《たいき》』には、彼の男色関係が赤裸々に記されているのだが、そこに義賢も登場するのである。ちなみに、義賢は木曾義仲《きそよしなか》の父にあたる。

為義から坂東に下って源氏の縄張りを広げる役割を負わされた義朝であったが、彼は正妻を、白河院に寵愛され鳥羽天皇の中宮《ちゅうぐう》となった待賢門院《たいけんもんいん》（藤原璋子《しょうし》《たまこ》）やその娘の上西《じょうさい》門院《もんいん》（統子《とうし》《むねこ》内親王《ないしんのう》）の近臣を輩出していた熱田大宮司家《あつただいぐうじけ》（南家《なんけ》藤原氏貞嗣《さだつぐ》流）から迎えている。当時、相模の国守《こくしゅ》には院の関係者が多く任じられていたので、国衙在庁官人である三浦氏や中村氏ら国内の有力武士たちは、その下で職務をつとめなければならない。彼らにとっても義朝が院と結び付くことは好都合だったのである。三浦氏らは摂関家領の荘官という立場よりも国衙在庁官人としての立場を鮮明にし、義朝も摂関家に従属する河内源氏の庶子の立場を棄てて、院と直接結び付く方策を選んだのである（元木泰雄「源義朝論」）。

天養元年（一一四四）の大庭御厨乱入事件は、そうした義朝の立場が具体的な形で示された事件として評価できる。事件発生時の相模守は鳥羽院判官代藤原憲方《のりかた》の子息、頼憲《よりのり》であり、義朝はその庇護のもとに国内の武士団を傘下におさめ、このような行動を起こすことができたと考えられるのである（同）。

さらに、仁平《にんぴょう》二年（一一五二）に美福門院《びふくもんいん》（鳥羽皇后・藤原得子《とくし》《なりこ》）の乳母《めのと》夫藤原親忠《ちかただ》の息子親弘《ちかひろ》が相模守《さがみのかみ》に補されているが、その在任中に、鳥羽殿《とばどの》内に建立された安楽寿院《あんらくじゅいん》の荘園として糟屋庄《かすやのしょう》が立券されている。また、後に八条院（鳥羽と美福門院の所生、暲子《しょうし》《あきこ》内親

図32　藤原氏と王家の姻戚関係系図

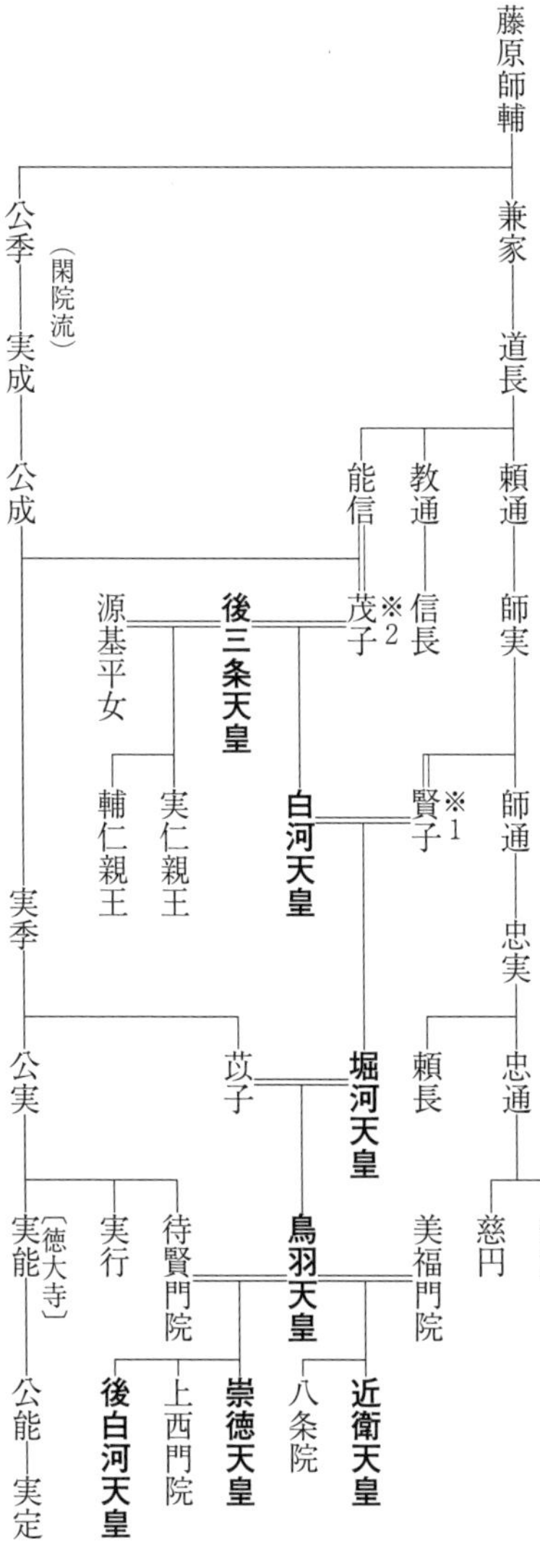

※1　源顕房女、師実養女
※2　藤原公成女、能信猶子

王）領となる山内庄もこの時期に成立したことが明らかで、その下司には源氏の家人である首藤《すどう》氏が補されているから、義朝の行動の背後に鳥羽院の容認と支持が存在したことは疑う余地のないところである。

義朝は、その後在京して鳥羽院に近侍する立場を獲得し、仁平三年（一一五三）三月には、検非違使・左衛門大尉《さえもんのだいじょう》にとどまった父為義の官職を超えて下野守《しもつけのかみ》に任じられ、さらに久寿《きゅうじゅ》二年（一一五五）六月、岳父《がくふ》の熱田大宮司藤原季範《すえのり》が祗候《しこう》していた待賢門院の皇子後白河《ごしらかわ》天皇が即位すると、義朝は天皇やその同母姉である上西門院《じょうさいもんいん》にも接近し、「都の武者」としての地位をいよいよ高めていった。

かくして、義朝が南坂東に築いた地盤は義平《よしひら》に委ねられることになるのである。

武家の棟梁の成立

摂関家を後ろ盾とする源為義《ためよし》、院権力に支持基盤を求めた義朝《よしとも》。彼らより一世代後の時代を生きた慈円《じえん》は、二人の関係について「トシゴロコノ父（子）ノ中ヨカラズ」と『愚管抄《ぐかんしょう》』（巻第四）に記している。

武蔵国大蔵合戦

南関東に確固たる地盤を築き上げた義朝が自己の統制を離れたことを自覚した為義は、その対抗策として別の子息を義朝の勢力の及んでいない北坂東《ばんどう》に送り込むこととした。選ばれたのは義賢《よしかた》である。

前述のように、義賢は本来為義の嫡子の立場にあり、皇太子躰仁《なりひと》親王（鳥羽《とば》の皇子、のちの近衛《このえ》天皇）の帯刀先生《たちはきせんじょう》に任じていたのだが、保延《ほうえん》六年（一一四〇）、滝口《たきぐち》源備《みなもとのそなう》殺害事件の共犯者として解官《げかん》の憂き目にあい、嫡子には義賢と「父子の約」をなしていた弟の頼賢が立てられた。義賢が帯刀先生に補されたのは摂関家の頼長の推挙によった可能性が高いが、躰仁は頼長を嫌悪しており、そのようなことも解官の背景にあったのかも知れない。

しばらく不遇をかこっていた義賢が上野国多胡庄に下向したのは、兄義朝が下野守に任じられた年の夏のことであった。

一方、義朝の地盤を受けついだ義平《よしひら》は、房総半島の上総《かずさ》・千葉《ちば》氏、相模の三浦・中村・波多野・山内《やまのうち》首藤《すどう》・大庭《おおば》氏、武蔵の大中臣《おおなかとみ》氏らを従えて北に勢力を伸ばそうとしていた。相模国毛利庄《もうりのしょう》にいた義朝の叔父義隆《よしたか》も、平治の乱で義朝に属していることからみて、在地では義平に協力していたものとみられる。

鎌倉に本拠を置く義平が北上を目論み、上野国多胡庄に下った義賢が南に勢力を伸ばそうとすると、両者は武蔵国で衝突することになる。当時、武蔵国最大の武士団は平忠常《ただつね》の兄弟将恒《まさつね》に系譜を発する秩父平氏《ちちぶへいし》の一族で、その家督《かとく》であった秩父次郎大夫《たいふ》重隆《しげたか》は、留守《るす》所《どころ》惣検校職《そうけんぎょうしき》を帯する国内きっての有力在庁として国内の小武士団を配下に従え、隣国の藤姓《とうせい》足利氏や源氏庶流の新田《にった》氏と利根川をはさんで抗争を繰り返していた。

下野国《しもつけのくに》は義朝の任国であり、彼は保元《ほうげん》元年（一一五六）十二月、日光《にっこう》（二荒）山神社造営の功によって下野守《しもつけのかみ》を重任《ちょうにん》したことが知られるから、在地武士の編成にも意を尽くしたようで、その結果か、保元の乱の際、藤原姓足利氏は義朝の軍に属している。また、上

図33　秩父平氏系図

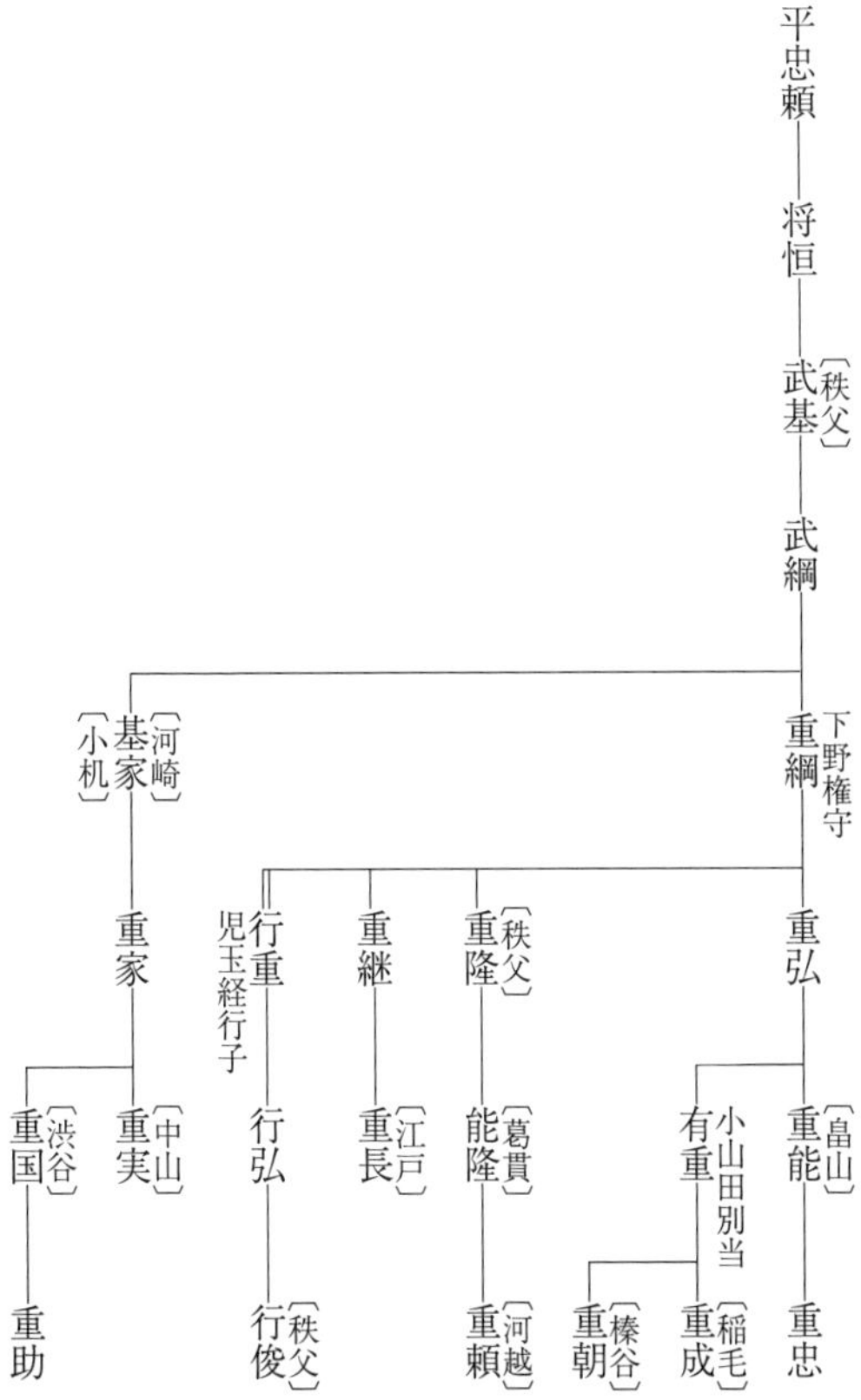

野国の新田義重《よししげ》とは同盟関係を結び、義重の娘は義平の妻となっていた。秩父重隆の対抗勢力はすべからく義朝・義平と結んでいたのである。

そのような状況の中に、義賢が義平の対抗者として下向してきたのである。苦境に立たされていた重隆が義賢を推戴《すいたい》することによって義平に対しようとしたのは当然の成りゆきであった。こうして義賢は重隆の「養君」となって武蔵国比企郡《ひきぐん》の、荒川水系の都幾川《ときがわ》と鎌倉街道の交差する要衝に位置する大蔵館《おおくらのたち》に入り、上野・武蔵の武士団を統合しようとする動きを示したのであった。

一方、秩父平氏一族においては、その家督権＝武蔵国留守所惣検校職をめぐって、重隆とその甥の畠山庄司《しょうじ》重能《しげよし》の間に対立関係が生じていた。重能もまた義平を頼んだのである（拙稿「鎌倉武士の心性」五味文彦・馬淵和雄編『中世都市鎌倉の実像と境界』高志書院、二〇〇四年）。重能の姉妹は義朝の配下に属していた千葉常胤《つねたね》の妻となり、永治《えいじ》元年（一一四一）に嫡子胤正《たねまさ》を生んでいるから、そのことも義平との結合に資するところがあったものと思われる。

久寿《きゅうじゅ》二年（一一五五）八月十六日、突如、義平の率いる軍勢が大蔵館を襲った。義賢・重隆ともに討たれ、弱冠十五歳の義平は大いに武名をあげ、義平はこれを機に「鎌倉悪源《かまくらあくげん》

図34　武蔵国の河川水系と秩父平氏の分布（12世紀末）
（出典）　今野慶信「豊島氏の成立」（峰岸純夫ほか編『豊島氏とその時代』新人物往来社、1998年）をもとに作成。

太《た》」と呼ばれるようになったという。

秩父平氏の族長権は重能の手に帰し、鎌倉武士の鏡として知られる畠山重忠は、長寛《ちょうかん》二年（一一六四）、この畠山重能と三浦義明《よしあき》の娘（あるいは孫娘）との間に生まれている。畠山氏と三浦氏の婚姻関係は平治の乱後のことになるのかもしれないが、いずれにしても、大蔵合戦の結果、義朝―義平に競合する勢力は一掃され、坂東における地位は盤石《ばんじゃく》たるものとなった。

義朝と藤原信頼の提携関係

この合戦で注目されるのは、義平の行動の背後に武蔵守藤原信頼《のぶより》の支持が想定されることである。いうまでもなく信頼は平治の乱の首謀者であり、この乱で信頼方の武力を担った義朝と緊密な関係にあったことはよく知られている。

武蔵国は、古くから軍事との関わりにおいて政府から重要視されていたようで、十世紀前半に秩父・小野・立野の三牧が新たに勅旨牧《ちょくしまき》に立てられ、また承平四年（九三四）には、諸家兵士とともに「武蔵兵士」が海賊追討に動員されたことが知られる（『扶桑略記《ふそうりゃっき》』同年七月二十六日条）。

保元の乱に際して、坂東諸国から多くの武士が都に動員され、義朝に従って戦っているが、その中で独立した武士として記録された人数をみると、武蔵国だけが極端に多い。また、時代は降るが、建治《けんじ》元年（一二七五）の「六条若宮造営注文《ろくじょうわかみやぞうえいちゅうもん》」によると、武蔵国を本籍とする御家人は八十四名で、三十三名の相模国をはるかに引き離して、諸国御家人の中で圧倒的な数を占める。こうした独立した御家人、すなわち個別武士団が簇生《そうせい》したのは、幕府成立以前からの武蔵国の権力編成のあり方の特殊性によるものであろう。その背景として想定されるのが多くの牧の存在である。

院御厩司《いんのみまやのつかさ》（別当・預《あずかり》）は、院のもとに全国から集められた駿馬《しゅんめ》を掌握し、その地位は、院政期における在京軍事貴族の代表者ないしは統轄者たることを表象するものであったが、これに補された者やその近親・関係者には武蔵国の受領ないし知行国主が多くみえる。

その代表的存在が藤原信頼である。彼は久安《きゅうあん》六年（一一五〇）から保元二年（一一五七）まで武蔵守に在任し、その後を受けたのは弟の信説《のぶとき》であった。信頼が院御厩《いんのみまやのべっとう》別当に任じたのは保元三年のことであるが、この年に発生した保元の乱後、義朝が官牧の支配を職務とする左馬頭《さまのかみ》に任じたのは、信頼・義朝が後白河院の武力を支える存在として提携関係にあったことを示すものといえるのである。

源氏・坂東武士と奥州

義朝が信頼に従属した理由として、もう一つあげられるのは信頼と陸奥との緊密な関係である。まず、信頼の兄にあたる基成《もとなり》は陸奥守《むつのかみ》を康治《こうじ》二年(一一四三)から二期つとめ、この間に鎮守府将軍《ちんじゅふしょうぐん》を兼任するとともに、その娘を平泉の藤原秀衡《ひでひら》に嫁がせている。ついで陸奥守には甥の隆親《たかちか》、弟の信説《のぶとき》が補任され、その後任には、叔父にあたる雅隆《まさたか》が任じられた。彼は保元二年(一一五七)九月に鎮守府将軍を兼ね、在国のまま一時離任したが、平治元年(一一五九)二月には再任されている。この間、陸奥守に任じたのも信頼の従兄弟にあたる源国雅《くにまさ》であった(岡田清一「基成から秀衡へ」『古代文化』第四五巻第九号、一九九三年)。元木泰雄氏の指摘されるように、おそらく、このほとんどの期間、信頼が知行国主であったのであろう(『保元・平治の乱を読みなおす』日本放送出版協会、二〇〇四年)。

陸奥は武蔵とならんで駿馬《しゅんめ》の生育地であるばかりか、鷲羽《わしのはね》・海豹皮《あざらしのかわ》など武器・武具の材料供給地として武士にとって垂涎《すいぜん》の地であった。「□□奉公初日記《ほうこうはじめにっき》」(『野田文書』)によると、源為義・義朝は、その家人で矢作《やはぎ》の技術にすぐれていた佐々木秀義《ひでよし》を「専使」として、しばしば奥州平泉の藤原氏のもとに派遣し、鷲羽・馬・砂金などの調達にあたらせていたようである。このように、陸奥ないしはその支配者である平泉藤原氏との交易を重

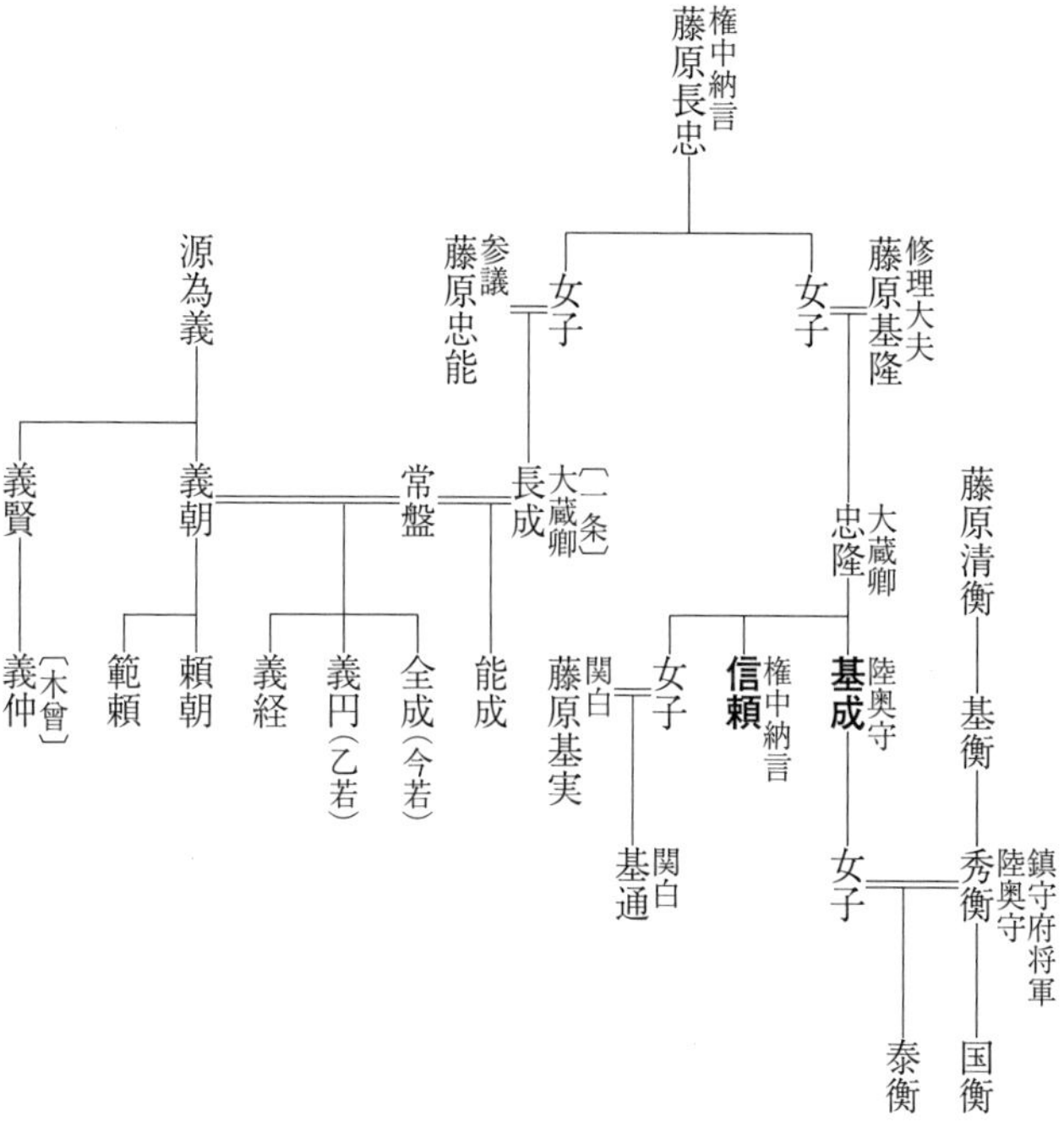

図35　藤原信頼・基成と源氏・平泉藤原氏の関係系図

視する義朝にとって、信頼との提携は不可欠なものだったのである。

なお、『吾妻鏡《あずまかがみ》』治承《じしょう》四年（一一八〇）八月九日条には、平泉藤原氏の秀衡の妻が佐々木秀義の姨母《おば》であったことがみえるが、坂東の在地武士たちも武士たる以上、陸奥との関係を重視していた。

たとえば、『平家物語』で有名な武蔵の武士熊谷直実《くまがいなおざね》の乗馬「権太栗毛《ごんたくりげ》」は陸奥一戸《いちのへ》（岩手県一戸町）、乗替の「西楼《せいろう》」は三戸《さんのへ》（青森県三戸町）、子息小次郎の乗馬「白浪《しらなみ》」は陸奥国栗原郡姉葉《くりはらぐんあねは》（宮城県栗原市）の産で、このうち「権太栗毛」は家の舎人《とねり》に上品の絹二百疋《ひき》を持たせて陸奥に下らせ、選りすぐって買い取った逸物であったという（『源平盛衰記』巻第三十七）。

また、久安《きゅうあん》二年（一一四六）千葉常胤《つねたね》は、その所領下総国相馬御厨《そうまのみくりや》内の公田に課された官物の未進分を納入したが、その中には砂金《さきん》三十二両が含まれていた（『櫟木《いちき》文書』）。十二世紀の初め、摂関家が奥羽の五つの荘園から年貢として取り立てた砂金の総額が二十五両であったことと比較すると、この額は実に大きく、千葉氏がこれだけの砂金を手に入れることができた前提として、奥州との日常的な交易活動の存在を認めざるを得ないと思うのである。

ちなみに、鎌倉時代に成立した古系図として史料的評価の高い『中条家《なかじょうけ》文書』所収「桓武《かんむ》平氏諸流系図」は、千葉常胤の父常重《つねしげ》の母を「海島三郎大夫忠平《ただひら》女」と記す。「海島」は「海島（海道）」の誤記と考えられ、陸奥南部の太平洋岸に勢力をもった繁盛《しげもり》流海道平氏の一員として『岩城国魂系図《いわきくにたまけいず》』に所見する「高久《たかく》三郎忠衡《ただひら》」に同定される。佐竹氏のような北坂東の勢力のみならず、南坂東の千葉氏のような存在も、太平洋の水運を介して陸奥の在地武士と交易関係をもち、さらに姻戚関係まで結ぶこともあったのである。

保元の乱と坂東武士団

保元の乱で義朝の手に属した坂東武士（源氏一族を除く）を『保元物語』（岩波書店『新日本古典文学大系』所収本による）からひろい、他の史料によって補正を加えると以下のようになる。

相模　大庭《おおば》景義《かげよし》・景親《かげちか》、山内《やまのうち》首藤《すどう》俊通《としみち》・俊綱《としつな》、海老名《えびな》季貞《すえさだ》、波多野《はたの》義通《よしみち》
安房　安西《あんざい》、金丸（神余《かなまり》）、沼平太《ぬまのへいた》、丸太郎《まろのたろう》
上総　上総《かずさ》広常《ひろつね》
下総　千葉《ちば》常胤《つねたね》
武蔵　豊島《としま》四郎、足立《あだち》遠元《とおもと》、中条《ちゅうじょう》新五・新六、成田《なりた》太郎、箱田《はこだ》次郎、川上《かわかみ》太郎、別《べっ》府《ぷ》次郎、奈良《なら》三郎、玉井《たまのい》四郎、長井《ながい》斎藤《さいとう》実盛《さねもり》・三郎、悪二《あくじ》（横山党）、平山《ひらやま》六

二、源五二郎《げんごじろう》、熊谷直実、榛沢成清《はんざわなりきよ》、粟飯原《あいはら》、〈猪俣党《いのまたとう》〉岡部《おかべ》六郎、近平六《こんぺいろく》、河匂《かわわ》三郎、手墓《てばか》七郎、〈児玉党《こだまとう》〉庄《しょう》太郎・次郎、〈村山党《むらやまとう》〉金子家忠《かねこいえただ》、仙波《せんば》七郎、山口《やまぐち》六郎、〈高家《こうけ》〉河越《かわごえ》、諸岡《もろおか》、秩父《ちちぶ》

上野　瀬下《せしも》四郎、物射《もののい》五郎、岡下《おかもと》、那波《なわ》太郎

下野　八田《はった》四郎、足利《あしかが》太郎

常陸　中郡《ちゅうぐん》三郎、関俊平《せきとしひら》

元木泰雄氏は、保元の乱において崇徳《すとく》上皇・藤原頼長《よりなが》陣営が摂関家の権門《けんもん》としての武力に依拠したのに対して後白河《ごしらかわ》天皇側が国家権力による武力動員形態をとったことを指摘しておられるが（『保元・平治の乱を読みなおす』）、二百騎と伝えられる義朝配下の武士も、そのような条件の下で、義朝と特に主従関係を結んでいない者も含まれていたと考えられる。

この合戦で、義朝は父為義や為朝をはじめとする多くの弟たちと敵対し、彼らを処刑する結果となった。悲劇的であり悲惨ではあるが、しかしそれは義朝にとって、長年の一族間の紛争にピリオドを打ち、みずからが源氏嫡流の地位を確立したことを意味したのである。彼は左馬頭《さまのかみ》という国家の武力の一翼を担う格式の高い官職に任じられたばかりか、河

内源氏では初めて内昇殿を許されるという破格の厚遇を得て、その政治的地位を急速に上昇させたのであった。

合戦によって政権の帰趨《きすう》が決定されたことは武士の台頭に拍車をかけることになった。義朝の発言権の増大は、坂東武士たちの中央での活動を積極化させる。義朝の郎等の中には、京武者に近いステイタスを帯していた波多野氏をはじめとして、すでに刑部丞《ぎょうぶのじょう》・滝口だった山内首藤俊通・俊綱父子らのほか、乱後に右馬允《うまのじょう》に補任された足立遠元《あだちとおもと》のように京官を帯する者も多くなっていった。

河内源氏の京中邸宅は六条堀河（堀川）にあり、すでに義家の時代には、その「身親《みした》しき郎等」であった首藤資通《すどうすけみち》が向かいの左女牛西洞院《さめうしにしのとういん》に居住していたというから（『発心集《ほっしんしゅう》』第三）、三浦氏などが、その周辺に在京中の宿所《しゅくしょ》を構えていた可能性は高い。

いずれにしても、坂東武士の在京活動がこのころから活発化したことは確かで、その結果であろうか、千葉氏が平治の乱後の相馬御厨をめぐる係争の過程で、右大臣徳大寺公能《とくだいじきんよし》に伊勢神宮祭主《いせじんぐうさいしゅ》への口ききを依頼するようなこともあった（『櫟木文書』）。

平治の乱と坂東武士団

平治《へいじ》の乱で義朝の手に属した坂東武士（源氏一族を除く）を『平治物語』（岩波書店『新日本古典文学大系』所収本による）からひろうと以下のようになる。

相模　三浦義澄《みうらよしずみ》、山内首藤俊通・俊綱、渋谷重国《しぶやしげくに》
上総　上総広常
武蔵　長井斎藤実盛、足立遠元、平山季重《ひらやますえしげ》

平治の乱は、院の近臣信西《しんぜい》を抹殺するために反信西派の院近臣と二条親政派の貴族たちによって、当初はまったくのクーデターとして惹起された事件であったから、乱に参加した義朝の軍勢は隠密裡に召集できる範囲、すなわち、すべて彼の私的武力によったものとみてよい。

三浦義澄は義朝の長男義平の伯（叔）父、上総広常は義朝を養君として迎えた上総氏の嫡子、山内首藤氏は源氏譜代の家人で、現任であるかどうかは別として父子で刑部丞ないしは滝口といった京官を肩書きとしており、平山季重も院武者所《いんむしゃどころ》に祗候《しこう》していた。足立遠元が信頼・義朝等の廟堂《びょうどう》制圧後に行われた除目で右馬允《うまのじょう》に任ぜられたのも（尊経閣《そんけいかく》文庫蔵本『平治物語』上）、義朝側近としての在京活動が前提にあったものであろう。また、長

井斎藤実盛も、本来は越前《えちぜん》斎藤氏の一族で在京武士の一員であったが、武蔵国長井庄《ながいのしょう》の荘官として在地経営にあたっていた存在であり、渋谷重国も平治の乱後、所領を失って近江から東国に下った佐々木秀義を婿に迎えているが、それは在京中に結ばれた関係に基づくものと思われ、『平治物語』に記された義朝麾下の坂東武士は義朝個人と深い関係を有したり、在京活動を果たすべき武士ばかりであって、事実を伝えたものといえるであろう。

図36　斎藤実盛坐像（埼玉県・歓喜院所蔵）

平治の乱は義朝に悲惨な結末をもたらしたが、この乱の原因を義朝と清盛という武門同士の対立に求めようとする通説は誤りで、乱発生の本質的な原因は伝統的院近臣家と新興の信西一門との対立にあり、義朝はあくまでも藤原信頼に従属する形で信西追討の武力をになったにすぎなかった（元木泰雄『保元・平治の乱を読みなおす』）。

義朝の子で合戦に参加したのは義平・朝長《ともなが》・頼朝の三人で、朝長が戦傷死、義平は処刑されたにもかかわらず、嫡子の頼朝が助命されたのは、頼朝が蔵人《くろうど》として仕えたことのある上西門院《じょうさいもんいん》（統子《むねこ》内親王）や彼女と密接な関係にあった池禅尼《いけのぜんに》（清盛の父忠盛《ただもり》の正室《せいしつ》、藤原宗子《むねこ》）の清盛への働き掛けが功を奏したものとみられるが、このような乱そのものに対する当時の人びとの認識も大きく影響したことと思われる。実際、合戦に参加するにいたらなかった頼朝の弟たちはすべて助命されているのである。

したがって、乱で義朝の軍に従っていた坂東武士に対する処分もなされなかったようであり、千葉常胤は義朝に属して討死した源義隆《よしたか》（義家の七男）の遺児を召し預けられている。しかし、この合戦に参加しなかった者も含めて、義朝に従属していた坂東武士たちにとって、その後ろ盾となってくれていた義朝の敗死は、さまざまな形で大きな痛手をもたらすことになった。

国衙在庁系有力武士団の苦境

たとえば、平治の乱に参加した広常（介八郎《すけのはちろう》）は、上総氏の嫡子の立場にあり、父常澄《つねずみ》の代わりに在京して義朝に仕えていたものと思われる。ところが、義朝が滅び、その数年後に常澄が亡くなると、庶兄の常景《つねかげ》や常茂《つねもち》（常義）が上総氏の家督の地位を広常から奪おうとして内紛が発生している。上総氏家督の地位は上総国の最有力在庁である上総権介《かずさごんのすけ》職《しき》に表象されるが、常景は

『吾妻鏡』に「伊南新介《いなんのしんすけ》」、常茂は四部合戦状本《しぶかっせんじょうほん》『平家物語』に「印南介（印東介《いんどうのすけ》）」とあって、彼らが一時、上総権介に任じたことが知られる。ちなみに、常景は上総国伊隅《いすみ》（伊南《いなん》・伊北《いほう》）庄（千葉県夷隅郡・いすみ市・勝浦市）、常茂は下総国印東庄（富里市・佐倉市・酒々井《しすい》町）・上総国長南郡《ちょうなんぐん》（長南町）などを所領としていた。『中条家《なかじょうけ》文書』所収「桓武平氏諸流系図」によると、常景は長寛《ちょうかん》年中（一一六三～六五）に常茂によって殺害され、常茂もまた広常によって害されたという。印東常茂は治承四年（一一八〇）の富士川合戦で平家軍に先陣押領使として従い、駿河国鮫島《さめじま》（静岡県富士市）で討たれたことが『吾妻鏡』『源平闘諍録』にみえるから、兄弟間の抗争は頼朝挙兵の時点まで継続していたことになる。

　下総の千葉氏は、義朝のもとで一定の権益を確保していた相馬御厨の在地支配権を京武者である源義宗《よしむね》に奪われている。義宗は、保延二年（一一三六）に国守藤原親通《ちかみち》が千葉常《つね》重《しげ》から収公《じゅこう》した相馬御厨を親通の二男親盛《ちかもり》から譲与されたと称して、自分の名義であらためて伊勢神宮に寄進を行い、神宮側もそれをよしとしてしまったのである。その際、義宗が提出した寄進状には、上総常澄や千葉常胤は「大謀反人前下野守義朝朝臣《だいむほんにんさきのしもつけのかみよしともあそん》」の「年来《ねんらい》の郎従《ろうじゅう》」であるから「王土」（日本の国土）に存在すべからざる者であるという文言が記

図37　千葉氏・上総氏・海上氏系図

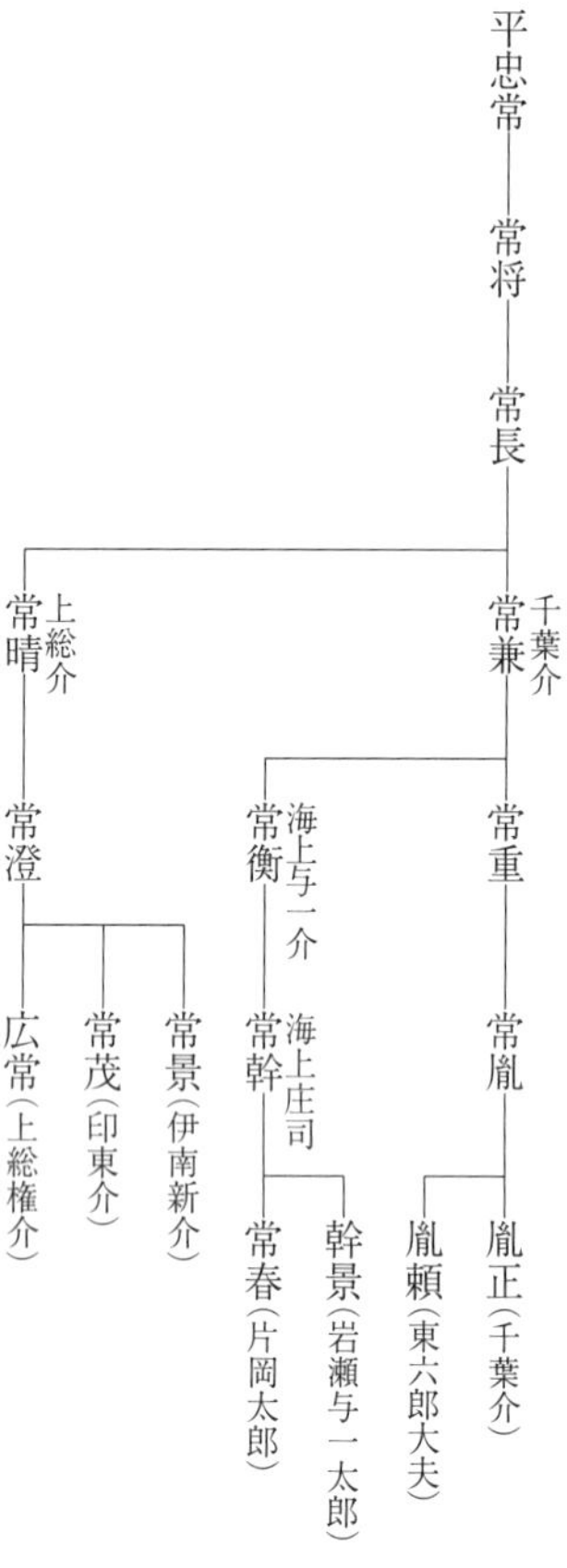

されていた（『櫟木文書』）。そうした状況のもとで、千葉常重・常胤父子が世襲してきた下《しも》総権介職《うさごんのすけしき》も、一時、一族の海上《うなかみ》氏の手に帰したことがあったようである。

　中世に成立した千葉氏関係の系図には、常重の兄弟に「千葉余《よ》一介《いちのすけ》」ないしは「海上与一介」を称する常衡《つねひら》（常平）が所見する。その諱《いみな》（実名）からして常重と同母（海道忠衡の娘）であったと考えられるが、彼は祖父常長《つねなが》（常永）の養子となり、十一番目の男子として通称を「与一（余一）」、下総国海上庄《うなかみのしょう》（三崎庄とも。千葉県銚子市・飯岡町周辺）を本領としたので海上を名字としたものであろう。そして、通称の最後の「介」は、ある時期に彼が下総権介職を帯したことを示す。したがって彼の子で海上庄司となった常幹《つねもと》の通称は「介太郎」であった（神代本《くましろぼん》『千葉系図』）。

海上氏の本領である海上庄は、十二世紀の半ばごろ、常幹によって摂関家に寄進・立荘され、皇嘉門院《こうかもんいん》（関白忠通《ただみち》の娘聖子《せいし》《きよこ》）を経て九条家の所領となったことが明らかにされているが（横田光雄「九条家領下総国三崎荘について」拙編『千葉氏の研究』）、平治の乱後、海上庄に隣接する千田庄や匝瑳《そうさ》北条庄の在地武士団を配下に従えて地域的軍事権力を樹立した藤原親政《ちかまさ》（下総守藤原親通の孫、親正・親雅とも）は、中央において皇嘉門院判官代《ほうがんだい》の肩書きをもつ存在であった。

この親政の勢力拡大の背景には、平家との姻戚関係と常陸佐竹氏との連携があったのだが、一方、海上常幹の子の片岡常春《かたおかつねはる》（常晴）は佐竹義政《よしまさ》（忠義《ただよし》）の婿となり、その兄弟の岩瀬幹景《いわせもとかげ》（与一太郎）は義政の家人となっている（拙稿「稲荷社を造営した二人の東国武士」『朱』第四三号、二〇〇〇年）。おそらく、海上氏の下総権介就任の背景には藤原氏や佐竹氏の支援があったのであろう。

武蔵では畠山重能《はたけやましげよし》が留守所惣検校職《るすどころそうけんぎょうしき》を失い、大蔵合戦《おおくらがっせん》で源義平に討たれた秩父重隆《ちちぶしげたか》の子孫がその地位を掌中におさめた。また、相模でも三浦氏や中村氏の立場は大きく揺らぎ、かわって、平家に登用された大庭景親が清盛の「東国ノ御後見」（『源平盛衰記』巻二十）として目覚ましい台頭をみせることになる。

坂東に組織した武力を背景に鳥羽院に登用《とうよう》された源義朝は、保元の乱では上洛した東国武士たちを率いて戦い、乱後下野守に左馬頭を兼ね、内昇殿という名誉を得て自立した政治的立場を築き、地方武士の政治的利害を代表して行動し得る存在＝「武家棟梁《ぶけのとうりよう》」に成長した（元木泰雄『武士の成立』）。しかし、平治の乱で彼が滅び去った結果、坂東は再び地域間・同族間紛争の修羅場と化してしまったのである。

鎌倉幕府の草創

平家政権下の坂東武士団

再燃する在地紛争

十二世紀初頭のころ、坂東《ばんどう》では、地方軍事貴族の系譜を引く在地の有力武士たちが地域紛争を繰り返し、とりわけ同族間で国衙在庁《こくがざいちょう》ないしは荘園所職《しょしき》と一体化した惣領《そうりょう》・家督《かとく》権の争奪に明け暮れる状況にあった。

このような状況下、事態の調停を行い得る、軍事的実力と貴族性を合わせもつ河内源氏《かわちげんじ》のような「京武者《きょうむしゃ》」の下向が期待されたのである。彼らは在地豪族の養君あるいは婿として推戴《すいたい》され、交通・流通の拠点を掌握して地域的な軍事権力を樹立する。一方、上総氏や秩父氏などの例にみられるように、在地武士たちは、かかる京武者の支援によって同族間紛争を解消し、一国規模の軍事編成を可能にしていったのである。

しかし、当初調停者として推戴された京武者は、その在地化にともなって在来勢力やテリトリーを接する他の京武者と競合関係に陥るという矛盾に直面することになる。すなわち、より上位の調停者が要請されることになったのである。これを克服するには、常に中央に出仕して貴族的身分の再生産・上昇をはかる必要が生じた。そのために、彼らは年長でしかも在地武士の娘との間に儲けた子息に在地支配を委ねて在京活動に専念しようとしたのである。

坂東に進出した河内源氏諸流のうち、このレースに勝利したのは保元《ほうげん》の乱に際して後白河天皇方の武力を構成した源義朝《よしとも》と足利義康《よしやす》であった。ただし、義康の台頭は正室の実家（熱田大宮司家《あつただいぐうじけ》）を共にし、本領（足利庄）の所管国である下野の国守になった義朝との連携に負うところがあり（元木泰雄「保元の乱における河内源氏」）、しかも彼は乱の直後に早世してしまった。

かくして、平治《へいじ》の乱まで坂東は義朝の軍事的支配のもとに一元化される方向に向かっていたのである。その義朝が失われると、前代と同じ状況が再現されることになる。先にみた通り、上総氏にも千葉氏にも一族間抗争が発生し、かつての義朝のテリトリーには佐竹氏などの源氏庶流が触手を伸ばしてきたのである。

佐竹氏の台頭

佐竹氏が下総の藤原氏と在地支配において提携し、上総・千葉氏と同様に平忠常の血を引く両総平氏《りょうそうへいし》系の海上氏一族の岩瀬・片岡氏をその傘下におさめ、また上総氏とも婚姻関係を結んだことは前述した通りであるが、本国常陸においても勢力を拡大する動きをみせていた。

吉田《よしだ》経房《つねふさ》の日記『吉記《きっき》』承安四年（一一七四）三月十四日条に、蓮華王院領《れんげおういんりょう》常陸国中《ちゅう》郡庄《ぐんしょう》で濫行《らんぎょう》をはたらいた下司《げし》経高《つねたか》を「佐竹冠者昌義《まさよし》・同雅楽助《うたのすけ》大夫《たいふ》義宗《よしむね》・在庁等」に命じて京都へ召喚させるという記事がみえる。

中郡庄は現在の茨城県桜川市のうちの旧岩瀬町一帯の地に比定され、源氏の家人として当地に進出した大中臣頼継の孫の中郡経高によって、長寛二年（一一六四）、後白河院の院御所法住寺殿に付設された御願寺《ごがんじ》として蓮華王院（京都東山の三十三間堂はその本堂）が建立されたときに寄進・立荘されたものと考えられている（網野善彦ほか編『講座日本荘園史』五、吉川弘文館、一九九〇年）。そのほかならぬ経高（義朝の正室である熱田大宮司藤原季範の娘の姉妹を妻とした）が濫行をおこし、院の指示によって佐竹氏らが、その召進をつとめることになったというのである。

ここで佐竹氏は明らかに常陸国における警察権の執行者として国衙在庁の上位に位置付

けられている。佐竹氏、特に義宗のこうした地位獲得の背景には、在京活動によって獲得した貴族的なステイタスがあったのであろう。

ちなみに、従来の研究では、この佐竹義宗を、平治の乱後、千葉氏と相馬御厨《そうまのみくりや》を争った「前左兵衛少尉《さきのさひょうえのしょうじょう》源義宗」(『櫟木《いちき》文書』)と同一人物とみなしていたが、それが別人であることが、佐々木紀一《ささききいち》氏によって明らかにされている(「『平家物語』中の佐竹氏記事について」『山形県立米沢女子短期大学紀要』第四四号、二〇〇八年)。この義宗も河内源氏の系譜を引き(頼義の弟頼清の子孫)、女院《にょういん》の侍長《さむらいのおさ》をつとめて、犯人追捕の賞によって左兵衛少尉に任じられ、また石清水臨時祭《いわしみずりんじさい》や賀茂《かも》臨時祭において舞人《まいびと》をつとめたことが知られる京武者であった。

彼と同名の佐竹義宗も、在京して下総の藤原親政と同様に皇嘉門院《こうかもんいん》に祗候し、従五位下《じゅごいのげ》(大夫《たいふ》)に叙され、雅楽助《うたのすけ》に任じられていたから、中央に一定の地歩を築き、摂関家や院権力と近い関係にあった人物とみてよいであろう。彼こそ、常陸・下総北部における在地紛争の調停者としてふさわしい存在だったのである。

足利氏と新田氏

前述のように、北坂東には佐竹氏のほか源氏系の有力武士団として、下野に足利氏、上野に新田氏があった。このうち、足利氏は、鳥羽院の北面に祗候していた義康が、保元の乱で源義朝や平清盛と対等の形で百余騎という独自の武力を率いて活躍し、その功によって検非違使のまま蔵人となり昇殿をゆるされるという栄誉に浴し、さらに大夫尉《たいふのじょう》にいたって清盛・義朝らとならぶステイタスを獲得した（須藤聡「平安末期清和源氏義国流の在京活動」）。しかし、彼は保元二年（一一五七）五月に死去。三人の男子があったが、いずれも幼年であったために、その地位は継承されず、平治の乱の後には足利庄など坂東における所領経営も弱体化し、義康の長子、義清《よしきよ》は、京都近郊の丹波国《たんばのくに》矢田郷《やたごう》（京都府亀岡市矢田町）を経済基盤として八条院《はちじょういん》の判官代《ほうがんだい》に任じていたらしい（佐々木紀一「矢田判官代在名・大夫房覚明前歴」『米沢史学』第一七号、二〇〇一年）。源姓の足利氏が有力武士団として再興されるのは、義清の弟で頼朝と同じく熱田大宮司家の出身の母をもつ義兼《よしかね》が、鎌倉幕府成立後に源氏一門として厚遇されてからのことになる。

一方、義康の兄新田義重は、父義国が在京活動を行っていた間は在地経営を担っていたが、久安六年（一一五〇）に義国が京都で右大将藤原実能《さねよし》とトラブルを起こして勅勘《ちょっかん》を受け、下野に下向・籠居《ろうきょ》したのに代わって在京活動を開始したらしい。仁平三年（一一五三）に内舎人《うどねり》、保元四年（一一五九）には大炊助《おおいのすけ》となり、仁安三年（一一六八）には従五位下に叙されている。このうち、大炊助への任官は後白河院の女御《にょうご》藤原琮子《そうし》《たまこ》（内大臣公教《きんのり》の娘）の御給《ごきゅう》によるものであった。須藤聡《さとし》氏は、保元二年（一一五七）、義重が新田庄を寄進した左衛門督《さえもんのかみ》藤原忠雅《ただまさ》が後白河院の近臣であることから、義重はこの忠雅の仲介で院に近づき、その女御の琮子に仕えるようになった可能性を指摘されている（「平安末期清和源氏義国流の在京活動」）。

『尊卑分脈《そんぴぶんみゃく》』に、義重は九条院判官代、その子義兼《よしかね》は皇嘉門院蔵人《こうかもんいんくろうど》とみえる。九条院は関白忠通の養女として近衛天皇に入内した藤原呈子《ていし》《しめこ》、皇嘉門院は忠通の娘（崇徳天皇中宮聖子《せいし》《きよこ》）である。忠雅の娘は忠通の二男基房《もとふさ》の正室として師家《もろいえ》を産んでいるから、義重・義

図38　摂関家系図

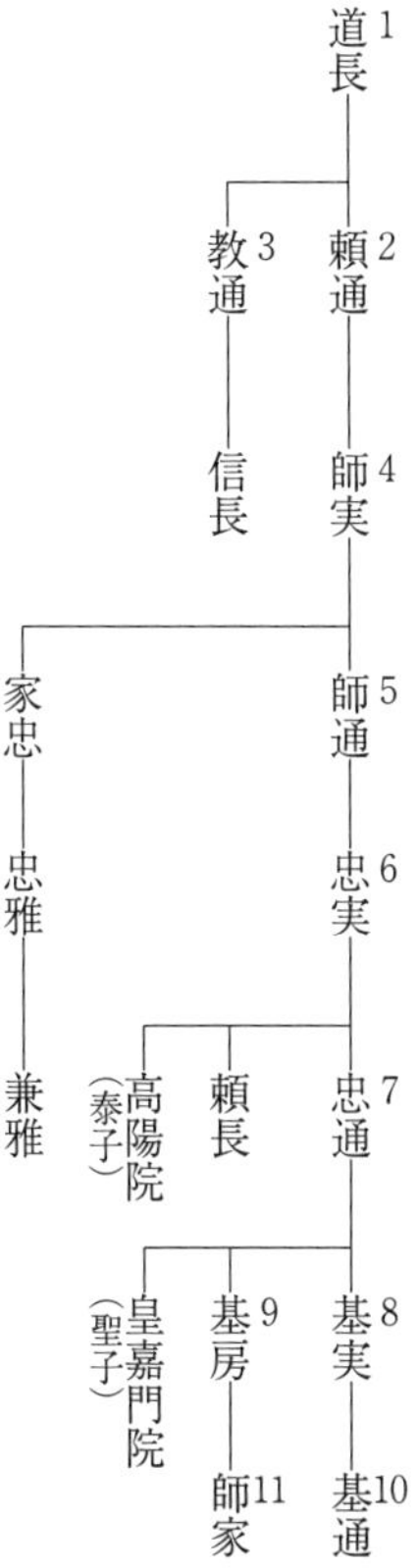

注　番号は摂関の継承順。

兼の女院侍としての推挙も忠雅によるものと推測される（同）。

仁安二年（一一六七）正月、義兼は後白河院の女御、平滋子《しげこ》（清盛の妻時子《ときこ》の妹）の侍《さむらいの》長《おさ》に任じているが、これも義重と後白河院との関係というより、嫡子兼雅が清盛の婿という関係にあり、また滋子が建春門院《けんしゅんもんいん》の院号を受けた際に院司別当《いんじべっとう》に名を連ねた忠雅の力に負うものであった（同）。

新田氏の場合、この時代に在地の武士たちを統合しようとした徴証はみられないが、治承四年（一一八〇）、反平家の兵をあげた源頼朝が坂東を制圧する勢いを示したとき、義重が義家の嫡孫であることを標榜《ひょうぼう》して「自立の志《こころざし》」（『吾妻鏡』治承四年九月三十日条）を示していることからうかがえるように、源氏一流として独自のテリトリーを主張するほどの勢力を有する存在ではあった。

なお、その契機は不明であるが、平治の乱以降のある時期から、源為義の三男で、もともと河内国に地盤を有していたはずの義広《よしひろ》（義範《よしのり》）が、太平洋に通じる常総内海の要衝に位置する八条院領常陸国志太《しだ》（信太）庄に居住していたことも注目される。彼は、寿永《じゅえい》二年（一一八三）二月、「三万余騎」という反頼朝勢力を糾合したことが知られ、坂東の混乱に乗じ、源氏一門としての権威を背景にして独自の軍事権力の樹立をはかったものと思われる。

平家と新田氏・佐竹氏

こうした源氏庶流、新田氏・佐竹氏について注目されるのは平家との緊密な関係である。新田氏については右に述べたことのほかに、仁安年間（一一六六〜六九）、義重が、一時的にではあるが、下野国足利庄の領主職を同庄の本家であった平重盛《しげもり》から賜ったことがある。また、『山槐記《さんかいき》』治承四年（一一八〇）九月七日条から、義重が頼朝や甲斐源氏《かいげんじ》武田氏の挙兵を書状をもって藤原忠雅に伝え、当時、彼が平宗盛《むねもり》に仕えており、坂東の源氏方人《かたうど》追討の命を受けて下向していたことを知ることができる。

佐竹氏もまた、頼朝挙兵のとき家督の隆義《たかよし》（義宗の兄弟）が在京中で、在国していた嫡子の秀義は頼朝軍に攻められて敗北したが、翌年平家の申請によって隆義が常陸介《ひたちのすけ》として下向するや陣容を立て直し、三千余騎の軍勢を擁して常陸国に立て籠もり、名誉挽回を期して頼朝に一矢《いっし》を報いんとしていたという（延慶本《えんぎょうぼん》『平家物語』第三本の二十五、『玉葉《ぎょくよう》』治承五年四月二十一日条）。

治承・寿永内乱はふつう「源平合戦」といわれるが、実は長く続いていた河内源氏の一族間抗争の最終ラウンドとしての側面をもつ内乱であって、頼朝はかつて父義朝・兄義

図39　平家政権下の東国武士団

（出典）　図22に同じ

平が一族の義賢と対立したのと同じように、坂東において佐竹氏や新田氏や叔父の志太義広と衝突し、さらには義賢の遺児である木曾義仲、そして最後に弟の義経、これに同調した叔父の行家らとも戦うにいたるのである。

ところで、佐竹氏や新田氏が頼朝の挙兵後、平家方に立った背景には、平治の乱後、唯一の国家的な軍事権門としての地位を確立した平家が、彼らの坂東における軍事的テリトリーを容認することによって在地紛争を抑止するという方策をとっていたことを看取することができると思う。しかし、その一方、平家と結んであらたに地域的軍事権力を構築した勢力の存在もあった。相模の大庭景親や下総の藤原親政《ちかまさ》がその代表格である。

「東国ノ御後見」大庭景親

保元の乱に際して、大庭氏一族からは、平太景能《かげよし》（景義）と三郎景親の兄弟が義朝の軍に属しているが、この合戦で景能は鎮西八郎為朝《ためとも》に膝《ひざ》を射られて動けなくなっているところを弟の景親に助けられている。『保元物語』によると、このころ、景能と景親は仲違いしていたが、景能は景親に感謝して「今後は何事でも景親のいうことに従う」といったという。おそらく、この仲違いの原因は、長男でありながら嫡子となれなかった景能の恨みとか兄弟間の所領争いにあったものと思われるが、景能の言葉が空念仏にすぎなかったことはプロローグで述べた通りである。

続く平治の乱で、義朝が滅びたことにより、相模国では大庭氏と国衙在庁系の三浦・中村氏の間の対立を調停する者がいなくなり、両者の抗争は再燃することになったらしい。三浦氏らが義朝と深い関係を結んでいたのに対して、大庭氏はいわば新参の外様的存在であったから、謀叛人の加担者として雌伏《しふく》を余儀なくされたり、平家から危険視されることも少なく、事態は大庭氏にとって有利な方向に展開したもののようである。

こうした状況を背景に、大庭景親は積極的に平家への接近をはかったらしく、坂東武士団の統轄に苦慮する平家にとって、景親は「東国ノ御後見」（『源平盛衰記《げんぺいじょうすいき》』巻二十、佐殿・大場勢汰事）としてたいへん重要な存在となり、相模国における軍事・警察機能も国衙在庁の有力者であった三浦氏や中村氏の手から景親のもとに帰することになる。ちなみに、『源平盛衰記』は景親が平家に従属した契機として、何らかの罪科によって斬刑となるべきところを平家に助命されたことをあげている。

いずれにせよ、景親が平家と急速に接近したことは確かで、平治の乱後、諸国の武士は王朝の侍大将となった平家のもとに再編成されて内裏大番役《だいりおおばんやく》などを勤仕《ごんし》する体制が作られたが、景親は相模国におけるその統率者、つまり鎌倉幕府でいえば守護のような役割を担うことになったのである。

治承四年（一一八〇）、以仁王《もちひとおう》・源頼政《よりまさ》が平家打倒の狼煙《のろし》をあげた時、内裏大番役のために在京中であった景親は官軍に属してその追討にあたり、さらに清盛から関東に居住する源頼政の孫を追討すべき私命を帯び、同年八月「在京東士《ざいきょうとうし》」とともに本国に下着した（『玉葉』治承四年九月十一日条、『吾妻鏡』同年八月二日条）。

景親はこれより先、坂東八ヵ国一の名馬を清盛に献上し、清盛はこれに「望月《もちづき》」と名付けて大切に飼養していたという（『平家物語』巻第五、物怪之沙汰）。この逸話からも、清盛と景親の親密な関係をうかがうことができよう。また当時、坂東で不穏な動きをみせてい

図40　大庭氏・梶原氏等系図

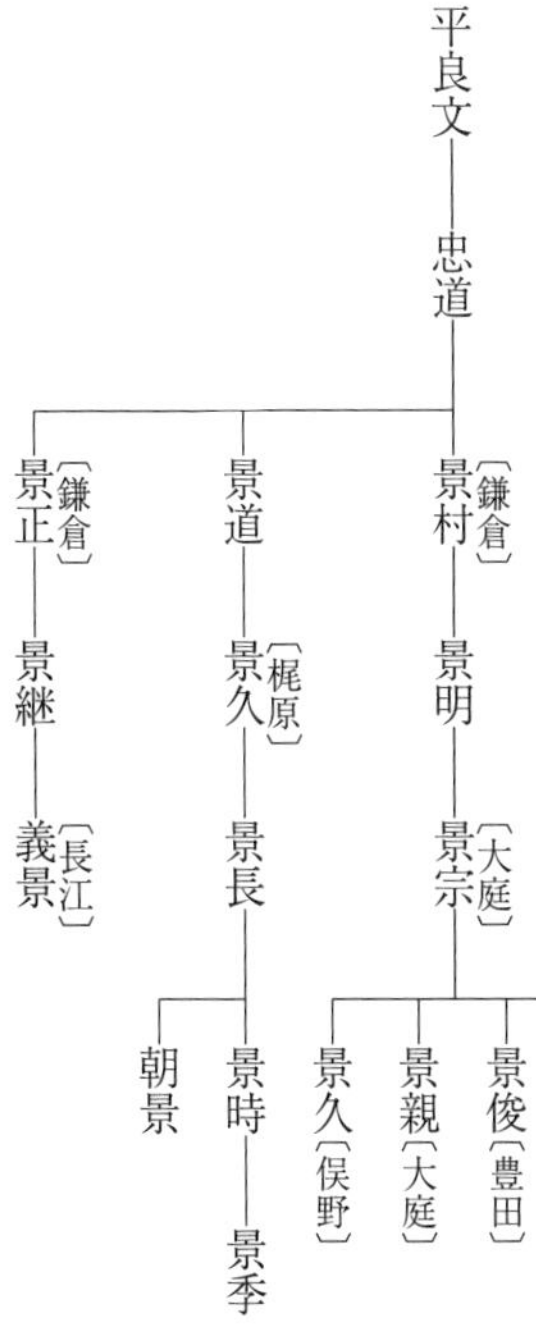

た上総権介広常《かずさごんのすけひろつね》の召喚も清盛は景親を通じて行っており、平家の有力家人で坂東八ヵ国の侍奉行（別当）をつとめていた上総介藤原忠清《ただきよ》も頼朝挙兵の動きについて景親に諮問していることなどから（『保暦間記《ほうりやくかんき》』、四部合戦状本『平家物語』、『吾妻鏡』治承四年八月九日条）、平家政権の坂東支配における景親の存在の大きさを推察することができる。

さて、景親が相模に下着してちょうど半月後の八月十七日、源頼朝は伊豆に挙兵して目代山木《やまき》（平）兼隆《かねたか》を討ち、二十日には三百騎の兵を率いて相模国に進入した。これに対して大庭景親は相模国一国の武士を中心とする三千余騎を糾合し、二十三日、両軍は石橋山において戦端を開く。いうまでもなく、この合戦は景親側の圧勝に終わったが、ここで両軍の軍事構成に注目したい。

まず、頼朝軍であるが、これには伊豆から引率した武士のほか、相模国からは中村氏一族、それに大庭氏の一族の景能《かげよし》・景俊《かげとし》兄弟が加わり、三浦氏もこれに合流するために進軍中であった。このうち、大庭一族の参加は、前述した一族内部の対立が、この時期まで尾を引いていたことを物語るものであろう。『源平盛衰記』では、これを一族の延命策のように説明しているが、後世附会の説とみるべきである。また、三浦氏・中村氏は共に相模国衙で軍事・警察部門を担当する有力在庁であったが、大庭景親の台頭によって、その権

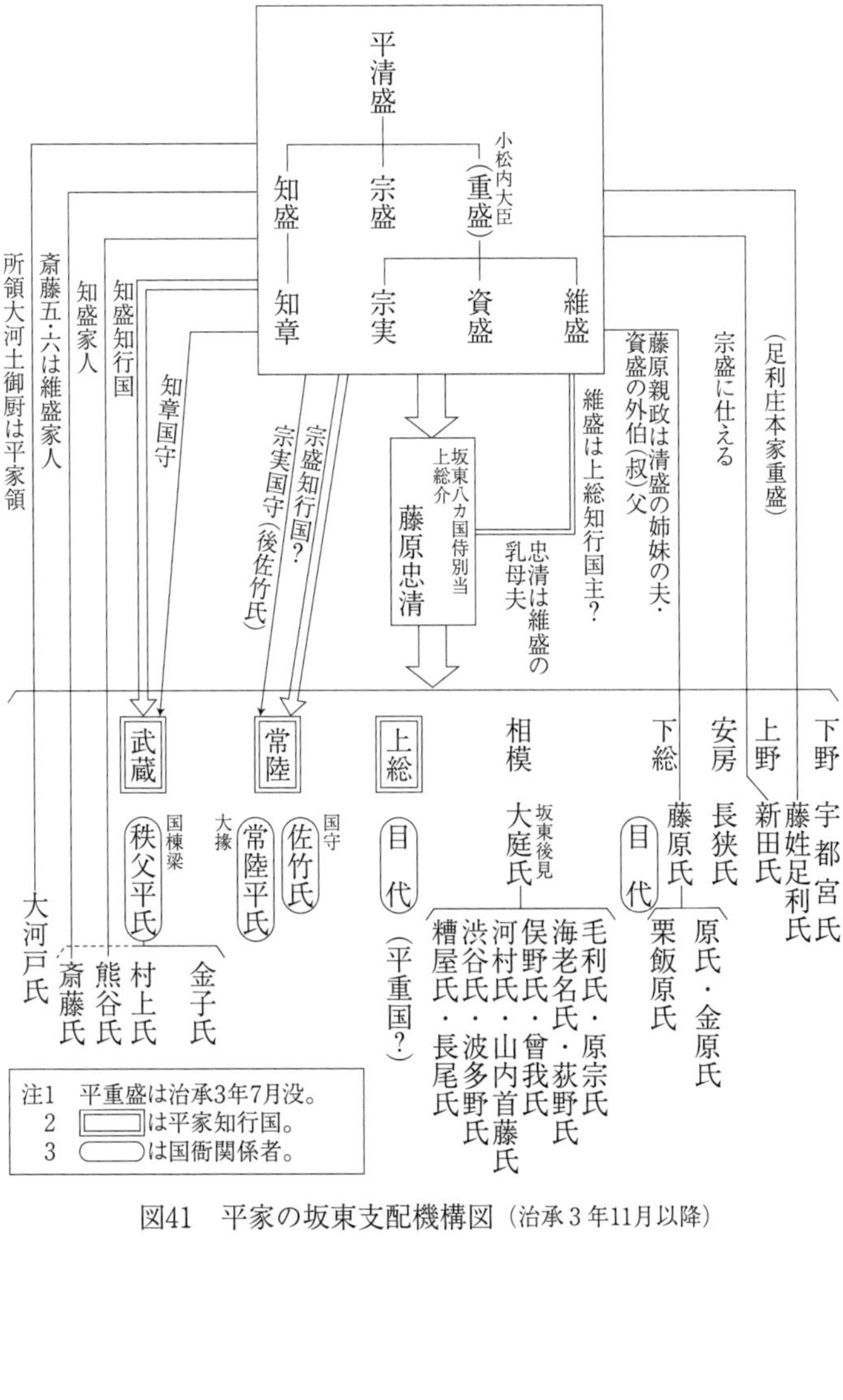

図41　平家の坂東支配機構図（治承３年11月以降）

限を奪取されたことは前述した通りである。したがって、この両氏が頼朝に参向した具体的契機は、こうした状況を打開して、かつての勢威を回復しようとするところにあったものと思われる。

一方、大庭景親直属の軍事力を構成したのは、弟の俣野景久《またのかげひさ》以下の同族の梶原《かじわら》・長尾《ながお》氏など「鎌倉党」と称される武士団で、その中には、足下郡《あしのしも》揚木下《やぎした》（柳下）郷（小田原市鴨宮周辺）を本拠とする武士も含まれており、平家に密着してその地位を向上させた大庭景親に対し、国内の小武士団が服属の動きを示したことを推察せしめるものがある。景親は相模のほか武蔵・駿河にもそれぞれの国の棟梁や目代を介して軍事動員を行い、景親の弟、俣野景久は駿河一国の軍を率いて甲斐源氏にあたっている。

このように頼朝挙兵当時の大庭景親は平家政権を背景として大きな実力を有しており、頼朝が房総・武蔵を平定して再度相模に進入した時点においても千余騎の兵を擁し、平維《これ》盛《もり》率いる源氏追討軍への合流を企てていた。

しかし、富士川の合戦で平家軍が敗れたことによって、景親の再起はまったく不可能となり、十月二十三日、景親は相模国府に居た源頼朝のもとに降人として出頭し、上総広常に召預けられ、同二十六日、固瀬川《かたせがわ》のほとりで斬罪に処せられたのであった。

平治の乱後、下総東北部に地域的軍事権力を樹立した下総藤原氏については、千葉氏に関する話の中で何度かふれてきたが、ここであらためて、その成立・発展の経緯をまとめておこう。

平家の姻戚、下総藤原氏

下総藤原氏の初代は親通《ちかみち》で、彼は保延《ほうえん》元年（一一三五）から康治《こうじ》二年（一一四三）までの二期にわたって下総守《しもうさのかみ》をつとめ、この間に千葉氏から相馬《そうま》郷《ごう》・立花郷《たちばなごう》（千葉県香取郡東庄町）を没収するという挙に出たことは『櫟木《いちき》文書』によってよく知られている。親通に続いて子息の親方《ちかかた》も下総守に任じたが早世したらしく、この間国内に集積した権益はその弟の下総大夫《しもうさたいふ》親盛《ちかもり》に継承された。親盛は父親通から譲られた相馬の地の公験《くげん》（所領の権利の移動の公的証明書）を「匝瑳北条《そうさほうじょう》の由緒《ゆいしょ》」によって京武者である源義宗《よしむね》に譲っており、この段階で下総国北東部の千田《ちだ》庄・橘（立花）庄（東庄《とうのしょう》とも称す）・匝瑳北条をその所領としたものとみられる。親盛の子で皇嘉門院判官代《こうかもんいんほうがんだい》に任じた親政《ちかまさ》は、平忠盛《ただもり》の娘を妻とし、親盛の娘（二条院内侍《ないし》・少輔内侍、親方の娘とも）は平重盛《しげもり》の妾となって資盛《すけもり》を産んだから、十二世紀後半の平家隆盛の時期に親政はさらに在地支配権を強め、下総国東北部に割拠した両総平氏一族の原・金原《かなばら》氏などもその軍事的支配下におさめるにいたったのである。

ちなみに、下総藤原氏の居館としては匝瑳北条内山館《うちやまのたち》（千葉県匝瑳市内山）と千田庄次《つぎ》

図42　平家と下総藤原氏の関係系図

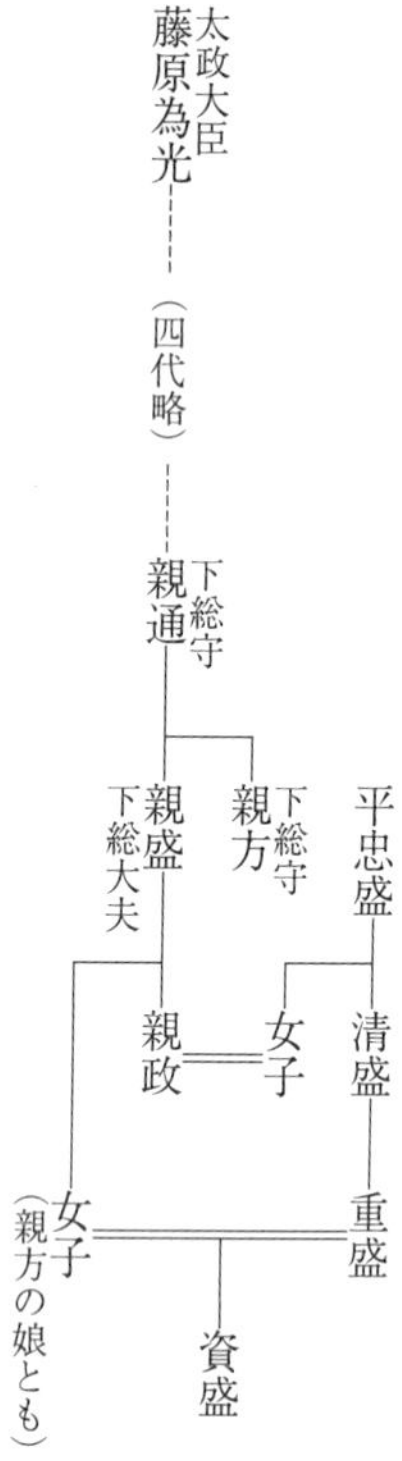

浦館《うらのたち》（香取郡多古町次浦）が知られている。内山からは内海（東京湾）岸の千葉庄《ちばのしょう》（千葉市）にいたるルートの存在が確認でき、このルートはここからさらに太平洋水運の拠点であった海上潟《うなかみがた》（銚子市）に通じていたものと想定される。また、ここは椿海《つばきのうみ》（外洋に通じていた広大な潟湖《かたこ》で、近世に干拓されて「干潟《ひがた》八万石」と呼ばれた）にも至近の位置にあった。次浦は千田庄を貫流して太平洋に注ぐ栗山川の中流右岸にあって、その名称から港津の存在が想定され、ともに交通・流通の要地に所在したことが明らかである。中央の平家にとって、この下総藤原氏の存在は、坂東の安定をはかるうえで心強い存在であったことであろう。

しかし、一方、この藤原親政の急激な勢力伸張によって、もっともダメージを受けたのが千葉氏にほかならなかった。千葉常胤は、立花郷（東庄）を藤原氏に、相馬御厨を東国進出を企てる源義宗に奪われ、その所領は名字の地である千葉庄と国衙近傍の国分郷《こくぶんごう》（市川市国分）、上総国山辺《やまのべ》北郡《ほくぐん》堺郷《さかいごう》（東金市丹尾）などに狭められて、まさに存立の瀬戸際に立たされることになったのである。

「一所傍輩」のネットワーク

平治の乱の後、坂東諸国には地域間・同族間紛争が再燃した。しかし、坂東の在地武士団を従えた源義朝が、その実力により、中央において政治的自立を可能にしたことは、坂東武士の政治的地位の向上に直結した。義朝によってしばしば京都に動員された彼らはみずから積極的に中央権力と直結する動きを見せ始めるのである。先述した千葉氏と右大臣藤原公能《きんよし》との関係はその一例である。

内裏大番と滝口

そうした在地武士の在京活動志向状況を前提として制度化されたのが、高倉《たかくら》天皇の即位・閑院《かんいん》内裏の王家正邸化と同時に開始された内裏大番役であった（拙稿「中世前期の権力と都市」『中世のなかの「京都」　中世都市研究　一二』新人物往来社、二〇〇六年）。これは国家守護権を委ねられた平家の差配のもとで、諸国の武士を内裏警固のために交代で上番させるという制度で、地方武士にとっては大きな負担になるものであった。しかし一方、大番役の勤仕は、王権・国家を守護することを職務とする武士としての身分を公的にみとめてもらう重要な意味をもつ機会となり、これによって彼らは、正統かつ正当な武士としての身分とアイデンティティーを獲得することができたのである。

在京活動の過程でさまざまな縁が発生することは容易に想像されるところである。たとえば千葉常胤の六男の胤頼《たねより》は、平家全盛期に在京していたが、その際に摂津渡辺党《せっつわたなべとう》の遠藤《えんどう》持遠《もちとお》という武士に出会い、彼の推挙によって上西門院《じょうさいもんいん》（統子内親王《とうしむねこ》）に仕え、その御給《ごきゅう》によって従五位下に叙されている（『吾妻鏡』文治二年正月三日条）。

この持遠は、神護寺《じんごじ》の再興に奔走したり、伊豆に流されていた頼朝に平家打倒の挙兵を勧めたりしたという『平家物語』の逸話で有名な怪僧文覚《もんがく》の父にあたり、その縁から胤頼は文覚を「師壇《しだん》」とし、そのことが千葉氏を頼朝挙兵に荷担させる一つの契機となったとされる。

ちなみに、文覚の弟の為明《ためあき》は安徳《あんとく》天皇の滝口《たきぐち》（内裏の滝口に詰めて禁中の宿直警固にあたる役）を勤めており（『山槐記』治承四年三月四日条）、胤頼も若年のころ、滝口を所管する蔵人所《くろうどどころ》に出仕したことが知られるので（『吾妻鏡』承元二年閏四月二十七日条）、あるいは胤頼も滝口に祗候していたのかもしれない。すこし時代が下るが、『吾妻鏡』承元《じょうげん》四年（一二一〇）五月十一日条には以下のような注目すべき記事がみえる。

御家人中、本所滝口に参候すべきの由、仰せ下さるるの間、早く勅宣に任せて構え参るべきの旨、今日、御書を下さる。小山・千葉・三浦・秩父・伊東・宇佐美・後藤・葛西以下家々十三流これをうけたまわると云々。皆これ譜第《ふだい》の寄せ有りと云々。

幕府御家人の中から本所（蔵人所）所管の滝口に参候すべき武士を求めるという朝廷からの命令が下されたので、それを勤めるように十三家の御家人に命じたというのである。

小山・千葉・三浦は、それぞれ下野・下総・相模の守護。秩父は武蔵国の畠山氏や河越氏らの一族の総称。伊東・宇佐美は伊豆国の工藤氏系の有力武士。後藤はもともと頼朝の妹の嫁いだ一条家に仕えた京武者の出身であるが、葛西は下総国葛西御厨（東京都葛飾区・江戸川区）を本拠とする有力武士である。将軍実朝はこれらの有力御家人の家に滝口を勤める者を出すようにと命令を下したのであるが、「皆これ譜第《ふだい》の寄せ有りと云々」というからには、これらの家は前代からこの職務を勤めてきたものと理解できる。

相模の三浦氏一族にも在京活動の形跡がみとめられる。『吾妻鏡』元暦《げんりやく》元年（一一八四）六月一日条には、平家一門の都落ちに従わず京都にのこった平頼盛《よりもり》が鎌倉に下向してきた際、これを接待するために集められた「京都に馴《な》るるの輩」の中に、小山朝政《おやまともまさ》・下河辺行平《しもこうべゆきひら》・畠山重忠・足立遠元・八田知家《はったともいえ》らとともに三浦義澄《よしずみ》（義明の子）が名を連ねている。

京都に馴るるの輩

さらに、注目されるのは『吾妻鏡』文治二年六月九日条に採録された文書に、阿波国久《く》千田庄《ちだのしょう》（徳島県阿波郡阿波町）が三浦一族の芦名為保《あしなためやす》の父為清《ためきよ》（義明の弟）の「相伝の領」とみえることで、頼朝挙兵以前の時代に、芦名氏が在京活動の成果として西国に所領を獲得していた可能性を示すものといえる（『新横須賀市史』資料編古代・中世Ⅰ）。

平治の乱の結果、武蔵国留守所惣検校職《るすどころそうけんぎょうしき》を大蔵合戦で敗れた重隆《しげたか》系に奪還された畠山重能《しげよし》は、相模の三浦氏や下総の千葉氏ら、もと源義朝配下にあった隣国の武士団との提携を維持しながらも、積極的に平家との関係を取り結んだようで、治承《じしょう》四年（一一八〇）に武蔵国の武士たちが大番役で上洛したときには、弟の小山田有重《おやまだありしげ》とともにその統率にあたり、その後、平家軍の一員として北陸道で木曾義仲《きそよしなか》の軍と戦ったことが知られる。

重能は寿永《じゅえい》二年（一一八三）七月の都落ちにいたるまで、弟の有重や宇都宮朝綱《うつのみやともつな》ととももに平家に従っていた。彼らの下国について尽力したのは平家の有力家人平貞能《さだよし》で、貞能は宇都宮朝綱と特に親密な関係にあったらしく、平家滅亡後、今度は逆に朝綱が貞能を保護している（『吾妻鏡』文治元年七月七日条）。

また、源頼朝が鎌倉入りを果たした直後、右馬允《うまのじよう》橘公長《たちばなのきんなが》は、都で平知盛《とももり》に仕えて「一所傍輩之好《いつしよほうばいのよしみ》」を結んでいた甲斐源氏の加々美長清《かがみながきよ》を頼んで子息の公忠《きんただ》・公成《きんなり》（公業）とともに鎌倉に下り、頼朝の家人に加えられている（『吾妻鏡』治承四年十二月二十日条）。

こうした事実は、当該期における東国武士の人的ネットワークが在地においてばかりでなく在京中にも構築されていたことを物語っており、川合康氏はこれを「京武者社会」という名辞で表現されている（「内乱期の軍制と都の武士社会」『日本史研究』五〇一号、二〇〇四年）。

しかし、「京武者」とは、権門の爪牙《そうが》として在地武士を抑圧する立場にある在京軍事貴族を示す院政期固有の学術的な概念である。また、前述のように、こうした人的関係を構築した者には、そのような階層よりも身分的に下位に属する千葉氏・三浦氏など本来的な意味における在地武士も含まれていた。そこで、私はこうした状況を、史料に即して「『一所傍輩』のネットワーク」というフレーズをもって説明することにしている。

話を元に戻そう。畠山重能の子である重忠は、銅拍子《どうびょうし》から今様《いまよう》にいたるまで音楽的才能にすぐれていたことで有名であるが、そうした教養は都で身につけたものと思われる（貫達人『畠山重忠』吉川弘文館、一九六二年）。重能・重忠もまた朝綱同様、頼朝挙兵以前から京都において一定の人脈を築いていたのであろう。ちなみに、重忠は建久《けんきゅう》元年（一一九〇）八月、重慶《ちょうけい》（三井寺《みいでら》の僧）、翌二年三月には朝豪《ちょうごう》（東寺《とうじ》の僧）、また時期は不明だが行耀《ぎょうよう》の三人を鶴岡八幡宮寺《つるがおかはちまんぐうじ》の供僧《ぐそう》に推挙している（『鶴岡八幡宮供僧次第』）。このうち重慶・行耀の二人は平家の一門であり、これについて貫達人氏は「平家の人が重忠を頼ってくるということは、重能の平家における勢力、といっては大げさになるかもしれないが、平家との結びつきが深く、そしてまた京都で有名であったことと関係があるとみてよかろう」と述べておられる。

なお、武蔵国は、平治の乱後一貫して平知盛が国守・知行国主であったから、目代《もくだい》として平家直属の家人が下向していたことが考えられる。実際、平盛継《もりつぐ》（丹波国諸荘園総下司《たんばのくにしょしょうえんそうげし》職《しき》をつとめた越中前司盛俊《えっちゅうぜんじもりとし》の子）や武藤頼平《むとうよりひら》（平知盛の家人で少弐《しょうに》氏の祖）が在国した徴証があり（今野慶信「東国武士団と源氏臣従譚」『駒澤大学史学論集』第二六号、一九九六年）、在地武士と彼ら京下りの武士たちとの接触・親交も考慮する必要があろう。

京都の反平家勢力と結ぶ

『吾妻鏡』元暦元年六月一日条にあげられた「京都に馴るるの輩」のうち、平家以外の京都権門と関係をもったことが知られるのが下河辺《しもこうべ》行平《ゆきひら》と足立遠元《あだちとおもと》である。

下河辺氏は秀郷流藤原氏流で、小山政光《まさみつ》の兄弟にあたる行義《ゆきよし》が、八条院領下総国下河辺庄（茨城県古河《こが》市）を本拠としたことに始まる。行義は『平治物語』に源頼政《よりまさ》の郎等《ろうどう》としてみえており、治承四年（一一八〇）、頼政が以仁王とともに平家打倒の兵をあげたときもこれに従っている。

行義が頼政と主従関係を結んだ前提として考えられるのは、元永《げんえい》元年（一一一八）の前後のころ、頼政の父、仲政《なかまさ》（仲正）が下総守であった時、頼政も父の任地に下向していたことである（多賀宗隼『源頼政』吉川弘文館、一九七三年）。仲政は、永久《えいきゅう》五年（一一一七）、数百人の兵士を相具して常陸国に乱入するなど（『中右記』元永元年二月五日条）、任中に積極的な武力行動を展開していたようで、先にみた藤原親通《ちかみち》同様、離任後も下総国内に何らかの権益を確保していたのであろう。

仲政のあとを受けた頼政は、鳥羽院とその妃である美福門院《びふくもんいん》（藤原得子《とくし》《なりこ》）のもとで順調な官途を歩んでおり、下河辺庄が八条院領になったのは、頼政が仲介者となって鳥羽院か美福門院に寄進が行われ、それが二人の間に生まれた暲子《しょうし》《あきこ》内親王（八条院）に伝領された結果と考えられている（岡田清一「房総における北条氏領」『房総の郷土史』第三号、一九七五年）。行義と頼政の主従関係は、このころに結ばれたものであろう。

幕府成立後、行義の子の行平は、藤原秀郷以来の「譜第《ふだい》口伝《くでん》の故実《こじつ》」を伝える「弓箭《きゅうせん》の達者《たっしゃ》」「日本無双の弓取」として重んじられ、二代将軍頼家《よりいえ》の弓の師をつとめているが、それは彼が、流鏑馬《やぶさめ》など高度な武芸に長じた渡辺党の武士団を配下に従える頼政に仕え、在京する間に身につけたものに違いない。

一方、足立遠元は、後白河院の近臣で以仁王と身内関係にあった藤原光能《みつよし》に、その娘を配していた。光能と遠元の娘との間に生まれ、やがて父の光能と同じく後白河院の近臣となった知光《ともみつ》（広家《ひろいえ》・弘家）の生年は仁安《にんあん》三年（一一六八）、以仁王の「妾」となった光能の妹が真性《しんしょう》を産んだのはその前年のことである。

また、頼朝の乳母《めのと》、比企局《ひきのつぼね》の婿として伊豆配流中から頼朝の側近にあった藤九郎盛長《とうくろうもりなが》（幕府有力御家人安達《あだち》氏の祖）は、遠元にとって年下の叔父にあたる関係にあったが（金沢正大「鎌倉幕府成立期に於ける武蔵国々衙支配をめぐる公文所寄人足立右馬允遠元の史的意義（上）」『政治経済史学』第一五六号、一九七九年）、彼は上野国衙に何らかの権限を持ってい

図43　小山氏・下河辺氏一族系図

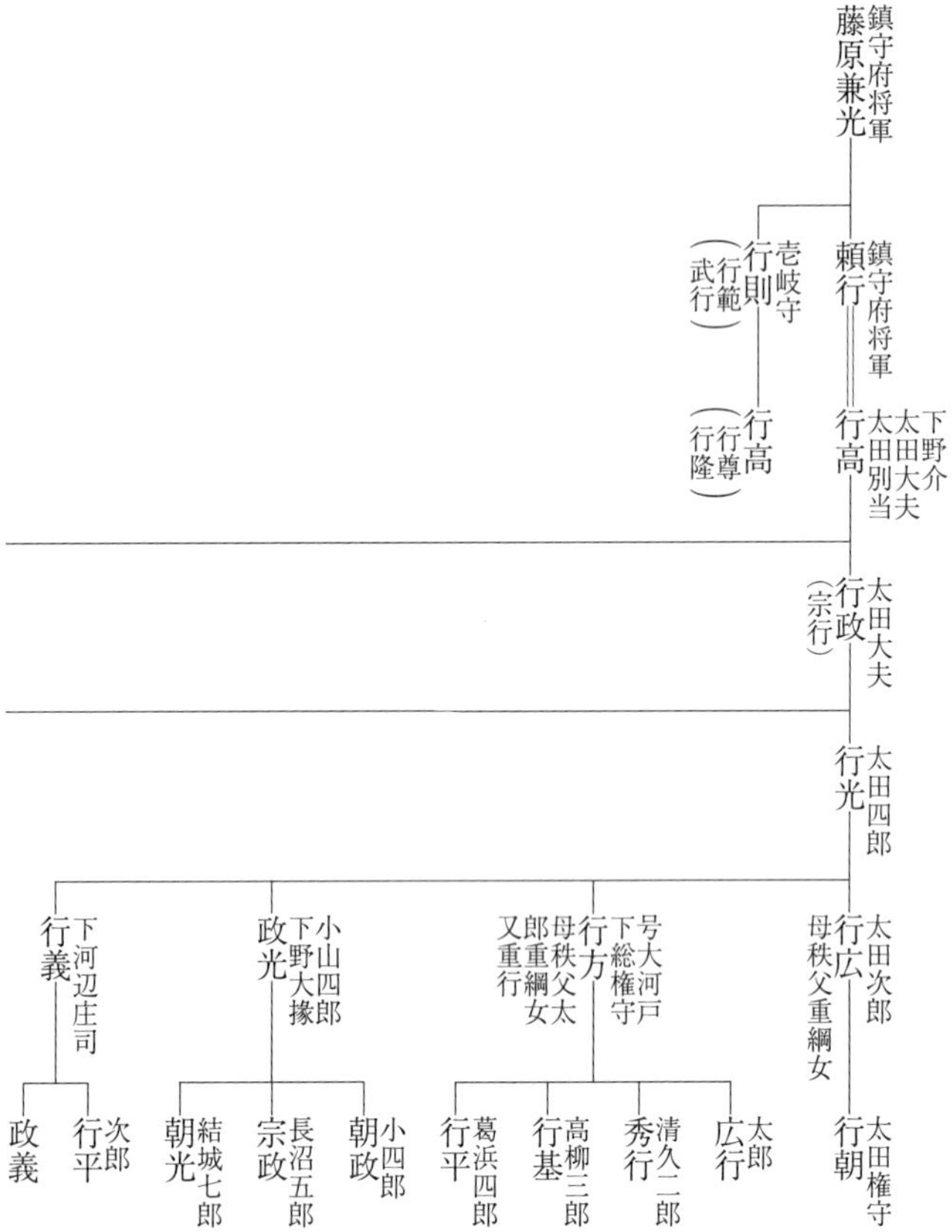

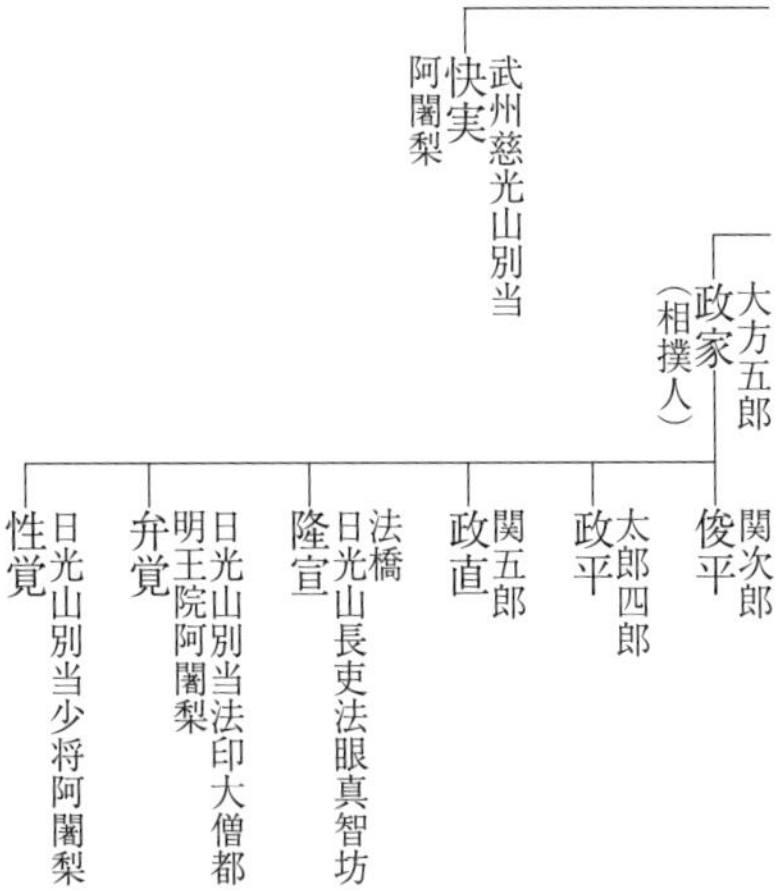

た可能性がみとめられ、幕府成立後には同国の奉行人に補せられている。

ここで注目されるのは、藤原光能が承安《じょうあん》三年（一一七三）から治承元年まで上野国の知行国主をつとめていたことである。治承四年の頼朝の挙兵にあたって、こうした人脈が大きく作用したことは容易に想像されるところであろう。

いずれにしても、遠元が在地にありながら院権力と直結する存在であったことは間違いない。また、彼は元暦《げんりゃく》元年（一一八四）鎌倉に公文所《くもんじょ》が発足したとき、知家事《ちけじ》に補されて

図44　藤原光能の人脈

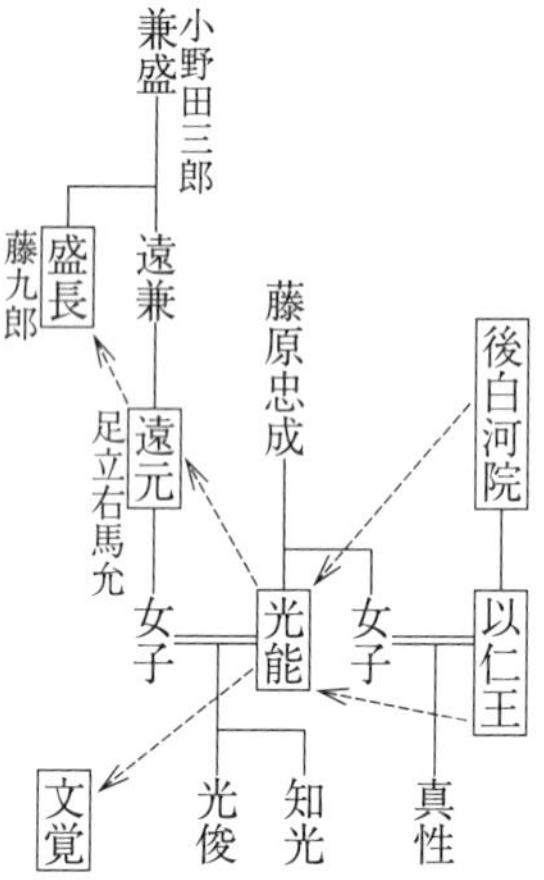

おり、坂東武士の中にあって、文官的素養をもつ存在であったことがうかがわれる。

坂東武士の教養

文官的あるいは文化的素養という点で坂東武士を評価するならば、相模国の波多野氏をまず取り上げなければならない。波多野氏は『尊卑分脈』によると、歴代が中央に出仕して民部丞《みんぶのじょう》や右馬《うまの》允《じょう》などの官職を受けたことがみえ、保元の乱の際、源義朝に従った義通の父にあたる遠義《とおよし》が、崇徳天皇の蔵人所に所衆《ところのしゅう》として祗候していたことは、『永昌記《えいしょうき》』保安《ほうあん》元年（一一二〇）四月二十三日条から確認できる。

さらに、遠義の父である成親《なりちか》（秀遠《ひでとお》）は、鳥羽天皇の蔵人所《くろうどどころ》所衆に出仕していた時、

　枯れはつる小笹が節を思ふにも少なかりけるよゝの数かな

との恋歌を詠んだことが知られ（『千載和歌集《せんざいわかしゅう》』巻第十三）、また、義通の子で仏門に入った経因《きょういん》も、

　はかなしな憂き身ながらも過ぎぬべきこの世をさへも忍びぬからん

という歌をのこしている（同　巻第十六）。波多野氏は坂東の武家でありながら幕府成立以前に勅撰歌人《ちょくせんかじん》を輩出しているのである。

和歌といえば、梶原景時《かじわらかげとき》と景季《かげすえ》・景高《かげたか》の父子も通じるところがあった。文治《ぶんじ》五年（一一八九）七月二十九日、平泉征討に向かう頼朝が、白河の関を越すにあたって景季を召し、初秋の今、能因《のういん》法師の古風を思い出さないかと尋ねる。すると景季は馬をひかえて、

秋風に草木の露を払せて君が越れば関守も無し

と詠《よ》み、八月二十一日、頼朝が松山道（上街道とも呼ばれ、奥州街道が整えられる以前の主要南北路）を経て津久毛《つくも》橋（宮城県栗原《くりはら》市金成《かんなり》津久毛）にいたった時には、景高が、

陸奥の勢は御方に津久毛橋渡して懸けん泰衡が頸

という一首の和歌を詠《えい》じ、いずれも頼朝の甘心《かんしん》を得ている。また、建久元年（一一九〇）の頼朝上洛の際には、遠江国橋本宿《とおとうみのくにはしもとのしゆく》（静岡県新居《あらい》町）で梶原景時が頼朝と連歌《れんが》を交わすという場面があった（『吾妻鏡』）。

こうした梶原氏の教養は、上級貴族徳大寺実定《とくだいじさねさだ》のもとに祗候したことによるものと思われる。景時は弟の朝景《ともかげ》とともにはやくから実定に仕えており、西行《さいぎょう》が実定の父、公能《きんよし》の家人であったことからも知られるように、当時、徳大寺家は都における歌壇《かだん》の一つの中心

図45　波多野氏系図（2）

- 遠義（従五下　筑後権守）
  - 義通〔波多野〕（従五下　母鎮守府将軍師綱女）
    - 義経（右馬允　母中河辺清兼女）
    - 忠綱（従五下　中務丞　母宇都宮権守宗綱女）
    - 義行（建春門院判官代　蔵人　源頼行養子）
    - 経因（十禅師内供）
    - 高義〔大槻〕
    - 実方
      - 実高（左衛門尉）
    - 義職（従五下　伊勢権守　美福門院蔵人　歌人　歌人）（元）
      - 女子（続後撰和歌集作者）

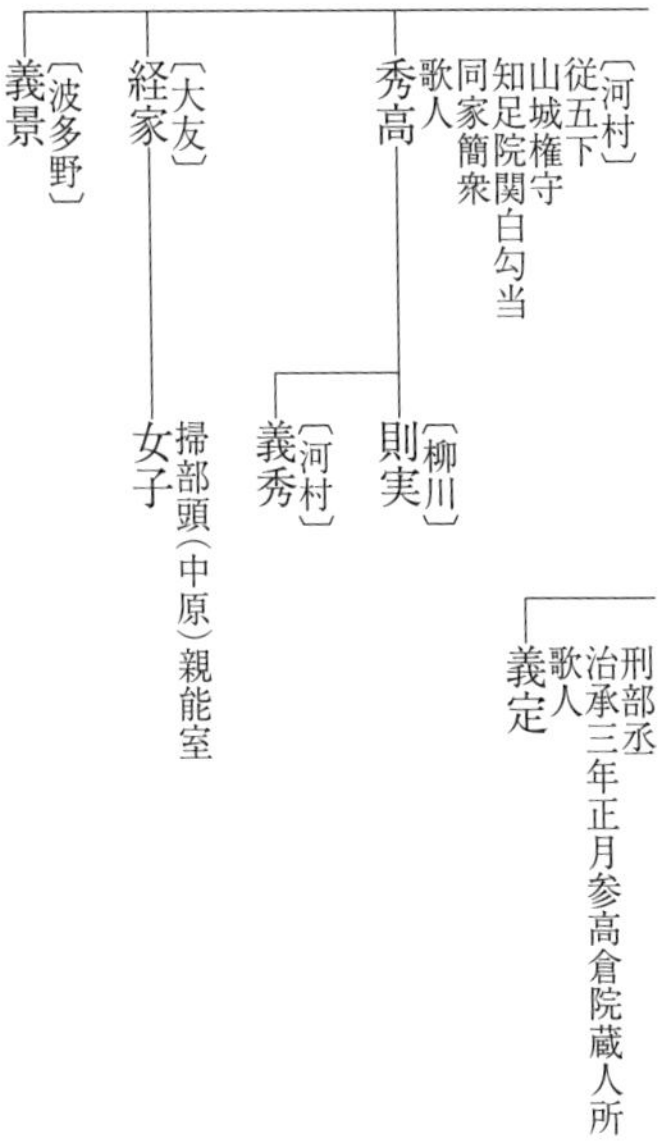

をなしていたのである。

景時については『吾妻鏡』に「文筆に携わらざるといえども、言語を巧みにするの士也」とあるが（養和《ようわ》元年正月十一日条）、平家追討の過程で播磨《はりま》・美作《みまさか》の惣追捕使《そうついぶし》（のちの守護、美作は目代も兼ねる）に任じた経歴からしても、行政官としての能力ももち合わせた人物であったことは間違いない。

『吾妻鏡』には、頼朝が千葉常胤《ちばつねたね》・土肥実平《どひさねひら》を「清濁を分かたざるの武士」と評したという記事があるが（元暦元年十一月二十一日条）、それは華美をことととするある京下りの吏《り》

図46　土肥実平坐像（神奈川県・城願寺所蔵）

僚《りょう》を戒めた時の発言の中でのことであり、今日の我々までが、それを真に受けるべきではなかろう。

相模国西端の土肥郷《どひごう》（神奈川県湯河原町）を本拠とした土肥実平も頼朝挙兵以前から在京経験が豊富で、内乱期には頼朝の代官として在京したり、備前《びぜん》・備中《びっちゅう》・備後《びんご》の惣追捕使に任じて在庁官人を指揮し、国内行政にあたるなどという困難な職務をこなしており、千葉常胤も文治三年（一一八七）、下河辺行平とともに京中の治安維持のために上洛し、その結果、「洛中、以《もっ》ての外《ほか》の静謐《せいひつ》」という実績をあげている（同　八月十九日・十月三日条）。

常胤はまた、鎌倉で三善康信《みよしやすのぶ》・足立遠元ら京都と関係の深い御家人たちと酒宴の際、座を起って舞踊を披露するなど、芸道にも通じるところがあった（同　文治二年十二月一日条）。ちなみに、室町時代に成立した『義経記《ぎけいき》』巻第六には、常胤が在京中に京都の女性との間に儲け、成人の後に平重盛に仕えた「冷泉殿《れいぜいどの》の御局《みつぼね》」が登場する。

頼朝の挙兵によって、在京中の坂東武士は平家軍に身を投じたり、本国に戻ったり、それぞれ去就を異にしたが、中にはそのまま西国に留まり、上洛してきた勢力にその都度服属することを繰り返した、相模を本貫とする渋谷重助《しぶやしげすけ》や、頼朝方の尖兵《せんぺい》として紀伊国守護人に任じて在地支配にあたった武蔵出身の豊島有経《としまありつね》のような存在もあった。

平治の乱後、坂東の武士たちは都に出仕してさまざまな活動を行い、そこで多くの人脈・ネットワークを作り、情報をあつめ、文化を吸収していた。坂東武士を京都の貴族社会と対立する存在とのみ評価するのは、実に偏ったとらえ方といわざるを得ないのである。そうした前提があってこそ、治承・寿永内乱の過程で、坂東の武士たちが京都・西国、さらには九州にまで軍勢を進めて戦い、戦後処理の軍政も行い、そこに地頭職を得てもそれを継続的に維持しうることが可能であったことを理解できるのだと思う。

乳母のネットワーク

平治の乱後における坂東武士団間の力関係を考える場合、重要なファクターになるのは相互の姻戚関係の存在である。すでにみたように、相模の三浦氏は武蔵の畠山氏と、畠山氏は下総の千葉氏と、千葉氏同族の片岡氏は常陸の佐竹氏と、といった具合にそれは網の目のように張り巡らされていた。

この時代、姻戚関係と並ぶ擬制的な家族関係として、烏帽子《えぼし》親子の関係と乳母《めのと》と養君《ようくん》の関係があった。烏帽子親とは元服の際に烏帽子を被《かぶ》せる（加冠《かかん》）役をつとめる者のことで、社会的には被せてもらった者（烏帽子子）の親に準ずる立場になる。そして、たいていの場合、「一字拝領」といって、烏帽子子は烏帽子親の実名の一字をうけた諱《いみな》（忌名）を名乗ることになった。したがって、烏帽子親が烏帽子子の実の親よりも有力な存在であることはいうまでもない。たとえば、相模国の在庁三浦義明《よしあき》の嫡子たる義澄《よしずみ》の烏帽子親は、平忠常《ただつね》の子孫である両総平氏の嫡流で、坂東最大の武士団を率いた上総常澄《つねずみ》であったと考えられる。

一方、乳母は、武家の場合、譜代の郎等の同一の家系から出される例が多く、それは乳母のみならず、その夫（乳母夫《めのと》・乳父《めのと》）、その子（乳母子《めのとご》・乳兄弟《ちきょうだい》）など、家族ぐるみでの養君に対する奉仕関係としてあらわれる。

「源氏と坂東武士」という本書のテーマにそって平治の乱後の坂東武士団について考えると、この乳母関係はきわめて重要である。すなわち、伊豆に流刑になった頼朝を、彼の乳母を出した家が一族・縁者をあげて支援し、鎌倉政権の樹立に多くの貢献をしているからである。

配所での頼朝の生活を支えたのは、母方の熱田大宮司家《あつただいぐうじけ》の人びとと乳母の一族であった。

頼朝が伊豆に護送される際、熱田大宮司家の祐範《ゆうはん》（頼朝の母の弟）は郎従を遣わし、その後も毎月かならず頼朝のもとに使者を派遣している。

掃部允《かもんのじょう》藤原某（『比企氏系図』によると相模波多野氏の一族の遠宗《とおむね》）は、妻が乳母をつとめる頼朝が伊豆に配流されたというので、妻の求めに応じてみずから武蔵国比企郡（埼玉県比企郡）の郡司《ぐんじ》職《しき》を望んで現地に下向する。そして、その妻の比企局《ひきのつぼね》（尼）は、ここから伊豆の頼朝のもとに食料を送り、三人の婿に命じて頼朝の生活を扶助させたという（『吾妻鏡』『吉見系図』）。この三人の婿とは、藤九郎盛長・河越重頼《かわごえしげより》と伊豆の武士、伊東祐《いとうすけ》清《きよ》である。

図47　比企氏の姻戚関係系図

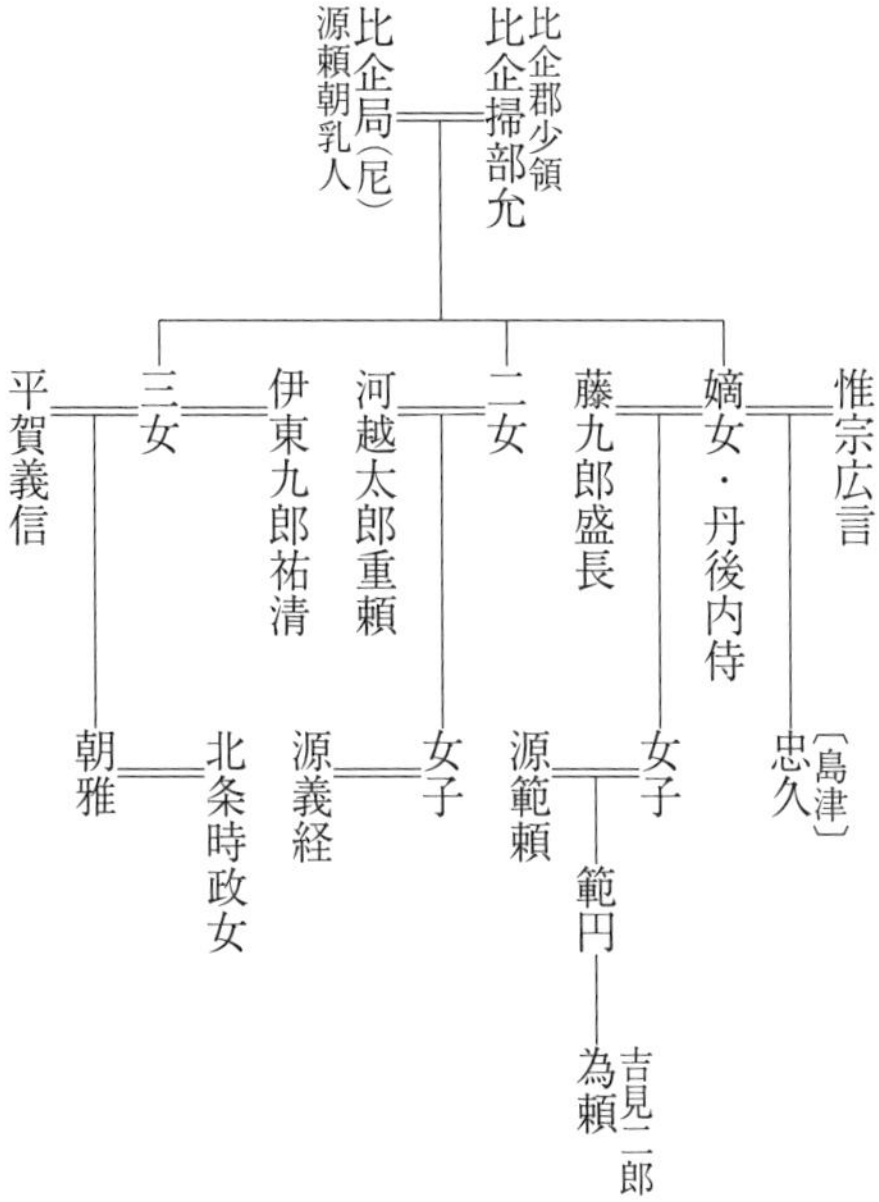

注　『吉見系図』による。

相模国の武士で源氏譜代の家人と

して義朝の側近に祗候し、平治の乱で討死した山内《やまのうち》首藤《すどう》俊通《としみち》の妻の摩々《まま》（山内尼）も頼朝の乳母であった。彼女は、平治の乱後、自分の所領のある早河庄《はやかわのしょう》に住んでいるので、相模国中村庄（神奈川県中井町・小田原市周辺）・早河庄などを所領とした中村氏一族の出身と考えられる。彼女はここで、夫や、同じく乱で戦死した子息俊綱《としつな》の菩提を弔うとともに、彼女の居所と至近の地に流された頼朝への援助を欠かさなかったことであろう。頼朝の挙兵に積極的に参画した土肥実平（中村宗平《むねひら》の子）は、彼女とごく近い血縁関係にあったものと思われる。

これで、彼女の子息である山内首藤経俊《つねとし》が頼朝の挙兵に勇んで呼応したというのならば、話は見事に整合するのだが、経俊は頼朝と乳兄弟の関係にあるにもかかわらず、頼朝への参向を拒否したばかりか「条々の過言《かごん》」を吐いたという（『吾妻鏡』治承四年七月十日条）。石橋山合戦で頼朝に弓を引いた経俊は、頼朝の鎌倉入部によって所領山内庄を召し放たれ、斬罪に処せられることになった。しかし、山内尼の嘆願と先祖の勲功に免じて許され、のちには伊賀《いが》・伊勢《いせ》の守護に任じている。乳兄弟ゆえの厚遇であろう。

ちなみに、経俊の兄弟で三井寺にあった刑部《ぎょうぶ》房《ぼう》俊秀《しゅんしゅう》は、頼朝の挙兵に先立って平家打倒の旗をあげた以仁王・源頼政に従い、南都に落ちる途中で討死をとげている（長門本

『平家物語』巻第八)。

下野国の最有力在庁小山政光《おやままさみつ》の妻（寒河尼）も頼朝の乳母であった。彼女は院武者所《いんむしゃどころ》に祗候した経歴を有する八田宗綱《はったむねつな》の息女で、女房として近衛《このえ》天皇に仕えた経歴をもっていたという（『老士雑談』)。

彼女が配流中の頼朝に援助を与えたことを物語る史料はのこされていないが、治承四年（一一八〇）十月、房総で再起した頼朝が隅田《すみだ》の宿（東京都墨田区）に進んだ際、夫の政光、嫡子の朝政《ともまさ》が大番役のために在京中であったにもかかわらず、鍾愛《しょうあい》の末子（のちの結城朝光《ともみつ》）をともなって頼朝のもとに参向している。乳母の縁は大きいのである。

当時、夫の不在中、その権限は妻が取り仕切るのが慣習であったから、これによって在地にあった小山氏の武士団は頼朝方に立ったことになり、そのことは北坂東の武士団の去就に決定的な影響を与えたものとみられる。

文治三年（一一八七）十二月、彼女は下野国寒河郡《さむかわぐん》（栃木県小山市寒川）ならびに網戸郷《あじとごう》（同網戸）を与えられているが、その理由は「女性《にょしょう》たりといえども、大功あるによる也」というものであった（『吾妻鏡』)。

頼朝の乳母については、母の姉が頼朝の乳母であったという関係から月に三度も頼朝のもとに京都の情報を伝えた三善康信《みよしやすのぶ》の話が『吾妻鏡』冒頭に記されているのだが、この康信の伯母にあたる女性は、上記の乳母のいずれかと重複する可能性も考えられる。

源頼朝の挙兵

三浦・上総・千葉氏の参向

治承《じしょう》四年（一一八〇）八月、伊豆に流されていた源頼朝が、平家打倒の兵をあげた。頼朝は挙兵にあたって、南坂東の有力武士団に参向を促しており、延慶本《えんぎょうぼん》『平家物語』によると、上総広常《かずさひろつね》・千葉常胤《ちばつねたね》もこれに「左右《そう》なく領状（了承）」したが、彼らは渡海に支障があって、石橋山合戦には間に合わなかったのだという。

相模の有力武士で国衙に基盤をもつ三浦氏と同様、下総・上総の在庁である千葉・上総両氏が頼朝の挙兵に当初から加担する意志を示したことは、彼らにとって在地の状況がいかに切迫していたかを如実に物語るものといえよう。

図48　石橋山古戦場跡に建つ佐奈田神社

石橋山で大庭景親の率いる追討軍に敗れた頼朝は、相模国衣笠城《きぬがさじょう》（神奈川県横須賀市衣笠町）の合戦で武蔵の河越《かわごえ》・畠山氏らが動員した平家方の軍に敗れた三浦氏の一族とともに、三浦氏の勢力圏であった対岸の安房国に渡り、ここで再起をはかった。九月のはじめのことである。

三浦氏と以前から対立関係にあった長狭常伴を滅ぼして、安房の在地勢力を傘下に収めた頼朝は、武神として崇められていた洲崎《すのさき》神社への参詣や、先祖ゆかりの地である丸御厨《まろのみくりや》（頼義が前九年合戦の勲功賞として与えられた丸郷）の巡検で足場を固めたのち、いよいよ上総に軍を進めた。

上総から下総の国府に入るまでの頼朝の進

路については不明確な点が多く、上総氏や千葉氏の動きを記した『吾妻鏡』にも曲筆がみとめられるため、以下、『平家物語』の諸本をも含めた諸史料を総合して頼朝の動きと在地勢力の対応をみていくこととする。

安房を出発した頼朝は、房総半島の西側、内湾沿いを北上したものと思われる。上総国望東郡《もうとうぐん》金田郷《かねだごう》（木更津市金田）を本拠とする金田頼次《よりつぐ》（上総広常の弟、頼常《よりつね》とも）が三浦義明《よしあき》の婿として、すでに衣笠城の合戦に加わっていたから、このルートは安全であったのである。目的が上総国府（市原市能満）の制圧にあったことはいうまでもない。

一方、すでに頼朝への参向を約していた上総広常も対国衙の姿勢を明確にして、一族の統合をはかっていたものと思われる。広常が「平家の方人《かたうど》して強る輩をは押寄々々是を討、随輩をは是を相具て」一万余騎を率いて上総国府に向かったという延慶本『平家物語』の記述は、この過程を述べたものであろう。

このころ、下総でも千葉氏が頼朝に呼応して決起している。千葉氏の場合、前に述べた在地の深刻な状況や頼朝からの誘いのほかに、この年の四月、平家打倒の令旨を諸国に下して源頼政《よりまさ》とともに兵をあげた以仁王のもとに、常胤《つねたね》の子息で近江国三井寺《みいでら》にいた律上房日胤《りつじょうぼうにちいん》が属し、平家と戦って討死をとげたという具体的な事情が、その積極的な行動の背

図49　坂東武士団の分布と挙兵後の源頼朝の進路（治承4年）

後にあった。おそらく、常胤は日胤を通じて平家政権の末期的状況を認識していたことであろう。また、既述のように六男胤頼《たねより》が頼朝に挙兵を勧めたといわれる怪僧文覚《もんがく》を師としていたことも、千葉氏の行動を決定づけた要因の一つであったものと思われる。

九月十三日、千葉成胤《なりたね》（常胤の孫）と胤頼は平家方の下総目代《もくだい》の館《たち》を急襲。有勢の目代は必死に抗戦したが、ついに首級をあげられた。このときの下総守《しもうさのかみ》ないしは知行国主《ちぎょうこくしゅ》は不明だが、その代官である目代が「平家方人」（『吾妻鏡』）といわれているところをみると、当時下総は平家の受領国ないし知行国であった可能性が高い。目代の館は国衙の置かれていた現在の市川市国府台《こうのだい》のあたりにあったものと思われる。

『吾妻鏡』は、千葉氏による下総目代攻撃を、常胤が軍を率いて頼朝を迎えに上総に向かった場合、目代から背後を衝かれる危険があるので、後顧の憂いを断つために行ったと説明しているが、これは明らかに千葉氏独自の国衙に対する公然たる反乱としてとらえるべきものであろう。

こうして、上総国府には、安房から北上する頼朝、両総平氏の一族を糾合した広常、下総から常胤と、三方から反乱軍が迫ることとなったのである。

上総は治承三年十一月の平清盛によるクーデターによって平家の有力家人伊藤（藤原）

忠清《ただきよ》が国守（上総介）に補任されており、現地には（おそらく目代として）忠清の一族で華《け》厳宗《ごんしゅう》の復興者として名高い高弁《こうべん》（明恵上人《みようえしようにん》）の父にあたる平重国《たいらのしげくに》がいた。重国はもとは平重盛の家人で、高倉院の武者所にも仕えた武士であったが、防戦むなしく討ちとられることとなる。

千葉庄結城浜合戦

こうして、頼朝は上総国府の占拠に成功したのだが、これに対して、平家をその大きな後ろ盾とする下総藤原氏が対決をこころみる。すなわち、清盛と「その志を通じる」（『吾妻鏡』）千田庄《ちだのしようりよう》領家判官代《けほうがんだい》藤原親政《ちかまさ》は、千葉常胤が一族を率いて上総に赴いた隙を衝《つ》いて、原《はら》・金原《かなばら》・粟飯原《あいはら》氏ら一千余騎の配下の武士たちを率いて、匝瑳《そうさ》北条《ほうじよう》内山《うちやま》の館《たち》（八日市場市内山）を出、武射《むさ》の横路（山武郡成東町）、白《しら》井《い》馬渡《まわたり》の橋（佐倉市馬渡）を経て、千葉氏の本拠千葉庄《ちばのしよう》を襲ったのである。

千葉館《ちばのたち》（千葉市中央区）で常胤の留守を預かっていたのは孫の成胤《なりたね》であった。成胤は使者を上総に送って常胤に来援を請うとともに、わずかの手勢を率いて結城浜（千葉市中央区寒川町）で親政の軍を迎え撃った。成胤は上総方向に親政の軍勢を引きずる形で力戦し、ようやく上総との国境を流れる村田川のあたりまで来たところで、常胤や上総広常の率いる援軍に遭遇することができた。こうなると、親政の一千余騎も上総・千葉氏の大軍の前

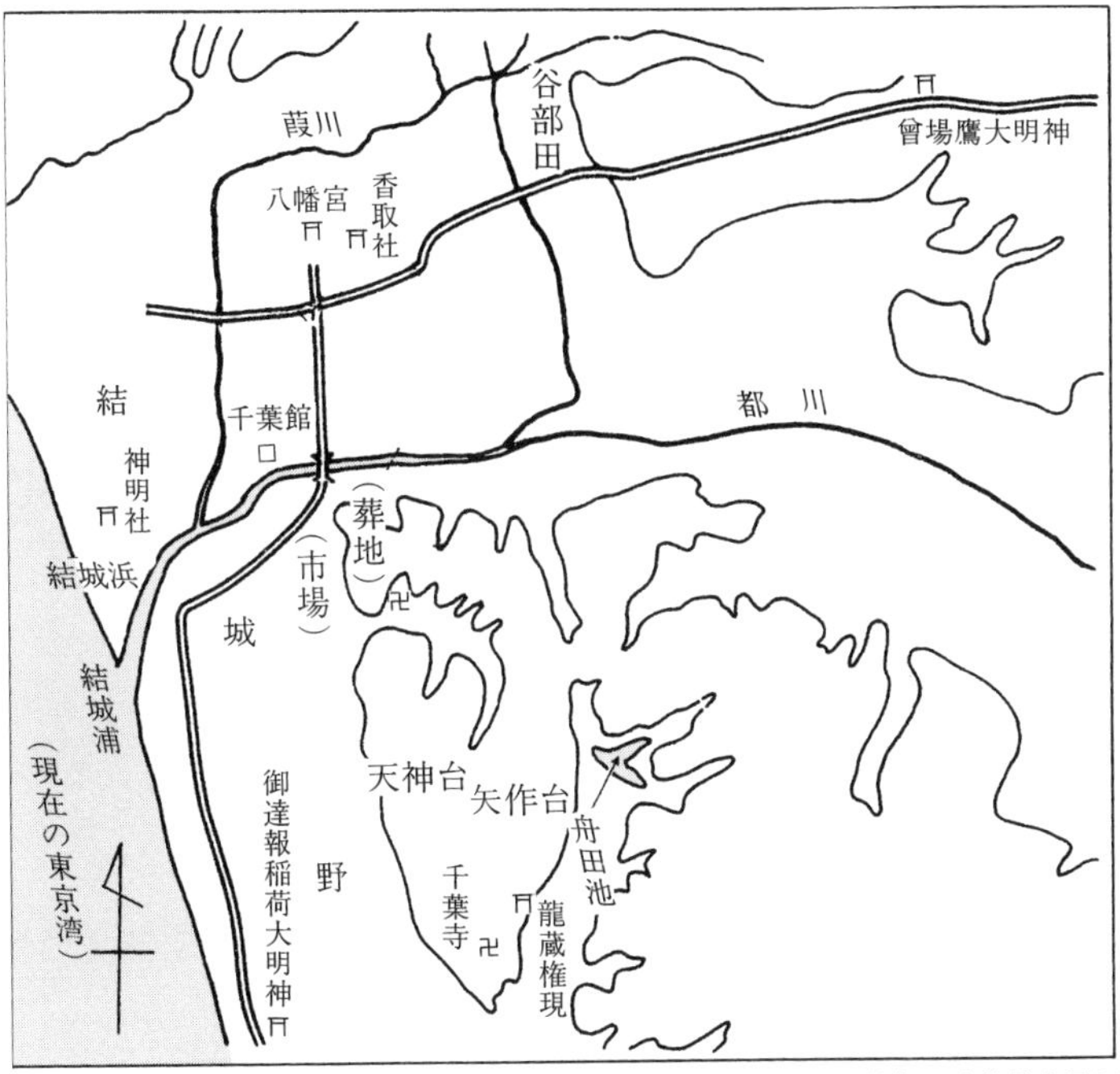

※現在の千葉県庁周辺

図50　千葉館とその周辺

（出典）　簗瀬裕一「中世の千葉町」（野口実編『千葉氏の研究』名著出版、2000年）をもとに作成。

には歯が立たず、親政はついに軍をまとめて千田庄次浦館《つぎうらのたち》（香取郡多古町次浦）に引き退いたのである（『源平闘諍録《げんぺいとうじょうろく》』）。

この合戦に頼朝が直接参加したかどうかは不明だが、彼は常胤に迎えられて結城浦《ゆうきうら》から千葉庄に入り、ついで葛飾八幡《かつしかはちまん》・真間《まま》（ともに市川市）を経て、下総国府（市川市国府台）に到着するのである。この間、千田庄に逃亡していた藤原親政は千葉氏によって捕えられ、両総平氏の一族もほぼ広常・常胤に同調して、下総の大部分は頼朝の支配下に組み入れられたのであった。

上総広常の役割

以上の経過から、頼朝の挙兵成功が房総半島で方向付けられたことは明らかであろう。そして、そこで決定的な役割を果たしたのが上総広常であった。

広常は寿永《じゅえい》二年（一一八三）末、頼朝に粛清《しゅくせい》されてしまうので、幕府の正史である『吾妻鏡』においては、万を超える圧倒的な大軍を動員する有力豪族としながらも、頼朝への参向にあたって千葉常胤に相談する程度の意志しかもたず、将としての器《うつわ》でなければ頼朝を討って平家に差しだそうと考えたり、頼朝に対して下馬《げば》の礼をとらないなど、狡《ずる》くて傲《ごう》慢不遜《まんふそん》な人物として描かれている。

しかし、『源平盛衰記《げんぺいじょうすいき》』には、これとは正反対に、常胤の方が広常に相談しようとしたとあり、両者の力関係や当時の状況からすれば、その方が整合的である。すなわち、鎌倉幕府史観のテキストである『吾妻鏡』が広常誅殺を正当化し、また、広常の地位を受け継いだ千葉氏を元来からの両総平氏嫡流に位置付けようとする曲筆をほどこしていることは明らかなのである。

そこで、幕府のイデオロギーと直接交渉のないところで成立したと思われる文献をみてみよう。たとえば『保暦間記《ほうりやくかんき》』を繙《ひもと》くと、房総半島における頼朝の行動について次のように記している。

頼朝は上総越くれば、路にて三浦の一族参り合ひ、上総介、千葉介参りければ。我も我もと馳せ参る。弘常（広常）が申けるは、急ぎ山を越させ給へ。平家は打手は下らん。山よりこなたを敵にしては悪しかりなんと申す。可然《しかるべし》とて須田（隅田）八切（矢切）を渡て……

房総半島上陸後の頼朝軍は広常に主導されているかのごとくである。また、承久《じょうきゅう》の乱の直後に成立した『六代勝事記《ろくだいしょうしき》』には、

佐《すけ》（頼朝）のがれて、どひの次郎（土肥実平）一人をぐして、つりふねにのりて安房

国をさしてわたるに、御浦（三浦）の住人等が佐をたすけにむかふに、畠山庄司次郎（重忠）、稲木三郎（稲毛重成）等が大庭の三郎（景親）にくははりてゆく道にあひて、しばしばたたかひて館（衣笠城）にひきこもりたるを、庄司二郎等翌日にをそへり。壮士かこみをのがるる船中にして佐の渡海にあひぬ。命の義によりてかろからん事をなげきて、上総権介（広常）にくははりて下総国をめぐりて相模国鎌倉のたち（館）につきぬれば、関東帰伏せり。

とあって、房総半島に上陸した頼朝の軍が、別に挙兵していた広常の軍に加わったかのような書きっぷりであるが、これが事実に近いのであろう。

『吾妻鏡』には、頼朝の房総制圧に最も寄与したのは千葉常胤であるかのように記されていて、遅参した広常が、頼朝が将師の器に足ることに感動したというようなエピソードまで用意されているから、これらの記述は奇異に思われるかもしれない。しかし、一次史料である『玉葉《ぎょくよう》』（九条兼実《くじょうかねざね》の日記）養和元年（一一八一）十月二十七日条には、

竹園《ちくえん》においては、相模国に留め置きたてまつり、上総国住人広常、介八郎と称す、をもって、守護したてまつると云々、

とあって、いまだに生存が噂されていた「竹園」（皇族のこと）＝以仁王《もちひとおう》が、相模国《さがみのくに》で広常

に守護されているという情報が伝えられていたことが知られるのである。これをもって、広常が京都の人びとの間で、坂東における反乱軍の主力とみなされていたことがうかがえるであろう。

「タヾ坂東ニカクテアランニ」

戦後の歴史学では、鎌倉幕府成立の革命性が強調されたが、その中で広常は東国独立論の主唱者として高く評価された。その根拠は、建久《けんきゅう》元年（一一九〇）、頼朝が後白河院に謁見した際に、広常の誅殺をみずからの朝威尊重の証として述べた中に引かれた「ナンデウ朝家ノコトヲノミ身グルシク思ゾ、タヾ坂東ニカクテアランニ、誰カハ引ハタラカサン（どうして朝廷や王家のことにばかり見苦しいほどに気をお遣いになるのだ。ただ我々が坂東でこうしているのを、誰がさまたげることができるものですか）」（『愚管抄《ぐかんしょう》』巻第六）という広常の発言にあった。

広常はたしかに自負心のつよい人物であったように思われる。しかし、この頼朝の話をそのまま受けとって、彼が古代的な王朝政府に対する革命を志向し、坂東に独立した武士の政権を樹立しようとしていたなどと即断するのは禁物である。第一、この頼朝の談話を記録した慈円《じえん》が、「この話が本当ならば、頼朝はまことに朝廷や王家の宝といえる人物だ」と述べているように、多分に頼朝の自己ＰＲ的要素をもつものだからである。

たしかに、広常は、頼朝の挙兵に際して上総・下総の二ヵ国から軍事動員を行い、佐竹氏征討の後には、常陸国にまでその勢力を拡大するという大豪族であった。その存在は京都でも有名であり、清盛は坂東の不穏な形勢をみとめると、ただちに彼の召喚を命じたというし（『保暦間記』）、京都の貴族たちも彼の加担が頼朝挙兵成功を決定付けたことを認識していた（『玉葉』治承四年九月十一日条）。頼朝が後白河院に対して、「介ノ八郎ヒロツネト申候シ者ハ東国ノ勢人。頼朝ウチ出候テ君ノ御敵シリゾケ候ハントシ候シハジメハ、ヒロツネヲメシトリテ、勢ニシテコソカクモ打エテ候」（『愚管抄』巻第六）と述べているのは、そうした事実を踏まえた上でのことであろう。

しかし、一方、彼の大勢力の背景にあったものは、やはり旧来の価値観に基づく権威と権力であった。たとえば、平家の有力家人の伊藤（藤原）忠清《ただきよ》が右衛門尉《うえもんのじょう》だったころ（彼の任右衛門尉は嘉応《かおう》二年〈一一七〇〉以降）、罪を得て上総に流されてきたことがあったが、広常はこれに対し「志ヲ尽シ思ヲ運テ賞玩シ愛養スル事甚《はなはだ》シ」かったといい（『源平盛衰記』巻十九）、また同じく上総に配流された伯耆少将《ほうきしょうしょう》時家《ときいえ》（平時忠《ときただ》の子息）を「聟君《むこぎみ》」として迎え、厚くもてなしている。広常は、まさに、かつて祖父常晴《つねはる》あるいは父常澄《つねずみ》が義《よし》朝《とも》を養君《ようくん》として推戴《すいたい》したのと同じ行動を示しているのである。また、自身の官は国衙在庁《こくがざいちょう》としての上総権介《かずさごんのすけ》にとどまったものの、読み本系の『平家物語』諸本によると、彼の嫡子の能常《よしつね》（良常）は、おそらく成功《じょうごう》によって山城権守《やましろごんのかみ》あるいは大和権守《やまとごんのかみ》の官を得ていた。また、『吾妻鏡』元暦《げんりゃく》元年（一一八四）三月十三日条に、尾張国《おわりのくに》の武士、原大夫《はらのたいふ》高春《たかはる》が、広常と薩摩守忠度《さつまのかみただのり》（平清盛の弟）の外甥であったとみえることも注目される。間接的ながら広常が平家と姻戚関係を結んでいたこと、そして尾張が京都との往還や情報の伝達を果たす上で、重要な意味をもつ場所であったからである。

図51　上総氏・原氏関係系図

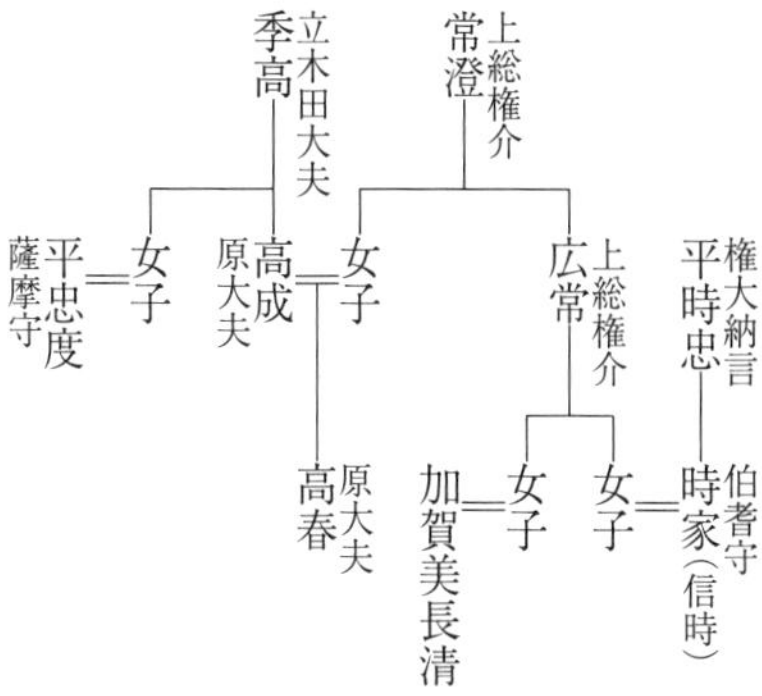

ちなみに、すでにふれた点もあるが、彼が平家打倒に決起したのは王朝政府に対する階級的な不満というよりは、直面した具体的な政治状況によるものであった。

治承三年（一一七九）十一月の清盛によるクーデターで院の北面に祗候していた藤原為保《ためやす》にかわって上総介《かずさのすけ》に補任された伊藤忠清が、「坂東八ヶ国の侍の別当」という立場から、旧恩を忘れて、広常を「平家ニ讒《そしり》テ、所職ヲ奪ハントスル」ような強圧的な態度に出、その陳弁のために上洛した子息能常が召籠《めしこ》められたこと。また、広常の一族が広く割拠する下総で、平家姻戚の藤原親政が彼らを傘下におさめようとするほどに勢力を広げつつあったこと。そして、庶兄の印東常茂《いんどうつねもち》や甥の伊北常仲《いほうつねなか》（常景《つねかげ》の子）が平家と結んで広常に対抗する動きを示していたことなどである。

頼朝の権威

すでにみたように、坂東の武士たちは、源氏に代表される京武者と提携することによって同族ないし近隣勢力との対立を克服しようとした。しかし、その京武者が在地経営を積極化するようになると、これを迎えたはずの在地武士と利害に齟齬《そご》をきたすようになる。承安《じょうあん》二年（一一七二）における新田義重《にったよししげ》と薗田《そのだ》氏の紛争はその一例であった。

上総氏も、平治の乱後、義朝不在への対応策として佐竹氏と「縁者《えんじゃ》」の関係を結び、源義宗が千葉氏との係争に勝利して相馬御厨《そうまのみくりや》の領主権（預職《あずかりしき》）を確立してからも、義朝時代からの権益（下司職《げしかしき》カ）を保持しえたものと思われる。その証拠に、広常の弟の常清は「相馬九郎」と称している。

しかし、やがて広常にとって、佐竹氏は、薗田氏における新田氏のケースと同様、その発展を阻害する存在と化するようになったらしい。佐竹氏は、平家と直結する下総藤原氏と手を結び、両総平氏族長としての広常の支配に服すべき片岡氏などを配下に編成するなど、広常の権力を脅かし始めたのである。

平家政権に立ち向かわんとする、擁立《ようりつ》すべき新たな権威を広常は求めていた。そこに頼朝が立ち現れたのであった。

前述のように、武威をともなう調停者として地方社会に君臨するためには常に「貴種《きしゅ》」としての再生産をはかる必要があった。このことを踏まえると、頼朝が平治の乱中における除目《じもく》で、わずか十三歳にして「右兵衛権佐《うひょうえごんのすけ》」に任官した経歴をもち、これが公式に認知されていたことは重要であろう（『公卿補任《くぎょうぶにん》』『清獬眼抄《せいかいがんしょう》』）。

なお、義朝《よしとも》の二男の朝長《ともなが》は平治の乱で討死をとげているが、彼にも義朝の嫡子になる可能性があった。彼は母方の波多野《はたの》氏所領内の松田亭《まつだてい》で養育されたが、都に出仕して非蔵人《ひくろうど》となり、保元《ほうげん》元年（一一五六）、左兵衛尉《さひょうえのじょう》に任じ、同四年二月、姝子《しゅし》《よしこ》内親王立后《りっこう》にともなう除目で、従五位下をもって中宮少進《ちゅうぐうしょうしん》に補されて中宮大夫《たいふ》進と呼ばれていた。

しかし、朝長の母方の波多野氏はもともと摂関家に祗候する家柄で、後白河近臣に連なった義朝にとっては、熱田大宮司家との提携が重要視されたのである。平治の乱の前年、朝長の母の兄、波多野義通《よしみち》は義朝と対立して相模の所領に引き揚げているが、元木泰雄氏の指摘されるように、その背景には義朝の嫡男をめぐる問題が関係していたのであろう（『保元・平治の乱を読みなおす』）。平治の乱後、朝長の母は中原《なかはら》氏に再嫁し、彼女の生んだ典膳大夫《てんぜんたいふ》中原久常《ひさつね》は頼朝の吏僚として活躍することとなる。

ちなみに、創業期の頼朝政権において重要な役割を果たした中原親能《ちかよし》は、少年期を波多野氏一族の大友経家《おおともつねいえ》のもとで養育され、頼朝とは「年来知音《ねんらいちいん》」の関係にあった（『玉葉』治承四年十二月六日条）。親能は成人後上洛して斎院次官《さいいんのすけ》に任じ、中納言源雅頼《まさより》の家人となり、その妻（大友経家の娘と思われる）は雅頼子息兼忠《かねただ》の乳母《めのと》になっていた（同寿永二年九月四日条）。この雅頼は九条兼実と親密な関係にあり、頼朝と兼実の意思疎通は親能―雅頼のルートで行われたものとみられる（目崎徳衛『貴族社会と古典文化』吉川弘文館、一九九五年）。なお、鎌倉政権の初代政所別当として知られる大江（中原）広元《ひろもと》が坂東に下ったのが、親能との兄弟関係によるものであることはよく知られているところである（米谷豊之祐「中原広元・親能の関東来附の経緯について」『大阪城南女子短期大学研究紀要』第六巻、一九七一年）。

かくして、平治の乱以前の頼朝の官歴は、すでに頼盛《よりもり》・教盛《のりもり》ら平家の清盛世代と同等であり、非参議従三位《ひさんぎじゅさんみ》という高いステイタスに到達可能な受領系院近臣コースの昇進過程に即したものであった（白根靖大『中世の王朝社会と院政』吉川弘文館、二〇〇〇年）。ちなみに、平清盛は十二歳で左兵衛佐《さひょうえのすけ》に任じているが、兵衛佐への補任は『官職秘抄《かんしょくひしょう》』に

「公達《きんだち》（摂関家などの高級貴族の子弟）はこれに任ず、諸大夫《しょたいふ》（四位・五位を極位とする貴族）においては規模（名誉）なり」とみえ、頼朝が加冠《かかん》直後にこの官職に任じられたという経歴は、流人となった後も、彼を「貴種」として権威付ける条件となっていたのである。加えて頼朝には、前述のような諸方に張り巡らされた人脈があり、挙兵後、それが国衙の掌握や中央権力との交渉などの局面において有効に作用した。坂東の武士たちはそうした頼朝に「武家の棟梁」としての正統性をみとめ、ここに「鎌倉殿《かまくらどの》」が生まれることになったのである。

しかし、鎌倉殿の誕生によって運命を暗転させた坂東武士が存在したことも一面の事実であった。

怨まれる頼朝

『吾妻鏡』には次のような話が記されている。

養和元年（一一八一）七月二十日、鎌倉では鶴岡若宮宝殿《わかみやほうでん》の上棟式が行われた。頼朝は社頭の東に構えられた仮屋に着座して、工匠に賜う馬を御家人達が引いて行くのを見守っていた。この儀を始めるに際して、大工に与える馬を引くことを渋った弟義《よし》経《つね》に対して頼朝は厳とした態度で臨み、義経はすこぶる恐縮して兄の命に従っている。中刻（午後四時）、上棟式は終わった。

鶴岡八幡宮を退出した頼朝はその供奉人《ぐぶにん》にみなれない男がまじり、しきりに自分の背後に近付こうとしているのに気付いた。その背丈《せたけ》は七尺余、ただ者ならぬ様子である。頼朝が立ち止まるのと同時に、扈従していた御家人の列から下河辺行平《しもこうべゆきひら》が飛び出して、この男をとりおさえてしまった。

頼朝は居館に帰るとすぐ、この男を庭中に召し出させた。みると曳柿《ひきがき》（茶色）の直垂《ひたたれ》の下に腹巻《はらまき》（鎧の一種）を着け、髻《もとどり》には一枚の札《ふだ》が付してある。そしてその札には、「安房国住人長佐六郎《ながさろくろう》々等左中太常澄《さちゅうたつねずみ》」と記してあった。

頼朝はこの男（左中太常澄）にどのような理由で自分を狙ったのか尋ねたが、「何もいうことはない。早く斬罪に処せ」というばかりで答えようとしない。そこで先ほど彼を捕らえた下河辺行平が、「梟首《きょうしゅ》するのはもちろんのことだが、意趣《いしゅ》を知らせずに死んでしまうのでは汝のためにならないであろう。早く申し上げた方がよい」と諭したので、常澄も気を取り直して語り始めた。「去年の冬、安房国で主人常伴《つねとも》が頼朝のために殺されてから、従類はことごとく牢籠《ろうろう》の身となり、寝ても覚めてもその怒りを休めることができなかった。そこで、その恨みを晴らすために鎌倉に来て、頼朝の館のあたりで隙《すき》を狙っていたのだ。また、失敗して自分が殺されたときの用意に名を記した札を髻につけておいたのだ」。

これを聞いた頼朝は常澄の斬罪を命じ、この日は若宮上棟の日であるから、刑は明日に行うようにして、侍所所司《さむらいどころしょし》の梶原景時《かじわらかげとき》にその身を引き渡した。また、常澄を捕らえた下河辺行平には、「今日の儀はもっとも神妙であった」と言い、勲功の賞として、行平の所望に任せて、彼の所領である下総国下河辺庄（茨城県古河市・埼玉県春日部市・千葉県野田市の辺り）から毎年国衙に差し出す貢馬《こうば》の免除をみとめている。

翌二十一日、侍所別当和田義盛と同所司梶原景時は、斬首の刑を執行するために常澄を相具して片瀬川《かたせ》に向かった。ところが、稲瀬川《いなせ》のあたりで彼らの一行に遠藤武者《えんどうむしゃ》なる者が追いついて、「景時は若宮造営の奉行であるから早く帰参せよ。かわりに天野光家《あまのみついえ》を遣わすから、義盛とともに沙汰を致すべし」との頼朝の指示を伝えた。これを聞いていた常澄は、「これほどの事を前から思い定めていないとは軽々しい殿《との》だな」と頼朝を嘲弄《ちょうろう》する言を吐いた。

ついに片瀬川にいたって常澄は梟首され、雑色《ぞうしき》の浜《はま》四郎時沢《ときさわ》が頼朝の使として、これを実検した。

その晩、頼朝の夢の中に一人の僧が現れ、「常澄は頼朝の先世の讐敵《しゅうてき》であったが、

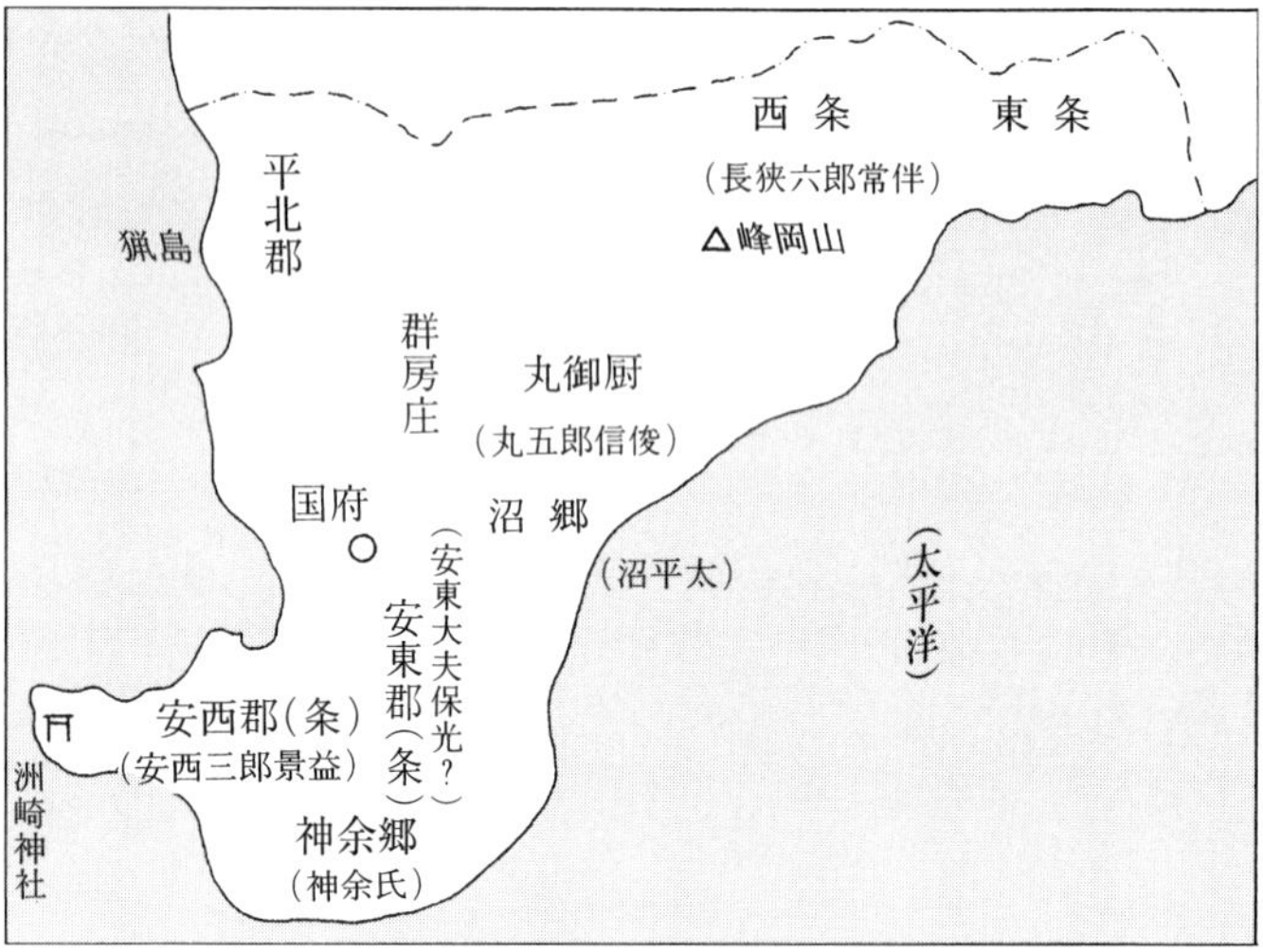

図52　12世紀末期の安房国

若宮造営の功徳によって、それが露見したのだ」と告げた。神仏の威に感じた頼朝は、目覚めて後、さっそく葛西清重《かさいきよしげ》を使として御厩《みまや》に繋いであった奥鮫《おくさめ》と号する馬を若宮にたてまつったのであった。

左中太常澄は安房国長狭郡《あわのくにながさぐん》（千葉県鴨川市）一帯を所領とした長佐《ながさ》（狭）六郎常伴《つねとも》の郎等《ろうどう》である。頼朝によって滅ぼされた主人の仇を討つため、鎌倉に潜入したが、果たさずして斬られた。

源頼朝が石橋山合戦に敗れ、安房に脱して再挙を期したとき、最初にその前に立ちはだかったのが、この常澄の主、長狭六郎常伴であった。

常伴は、平治の乱以前、安房国内の武士団が源義朝に服属する中で一人独立を保っていたらしく、乱後は、そのことも幸いして平家政権に接近し、また上総氏一族の伊北《いほう》氏と姻戚関係を結ぶなどして勢力を伸ばした。しかし、この過程で安房西部に進出していた相模の三浦氏と対立。頼朝が安房に上陸した際、その麾下にあった三浦義澄《みうらよしずみ》の急襲を受けて討ちとられてしまったのである。

主人の仇を討とうとした左中太常澄の行動は、近世の封建的道徳観念の上からすると賛美すべき側面があり、『大日本史』でも義烈伝《ぎれつでん》に載せられている。しかし、常澄みずからが述べているように、長狭氏滅亡の後、所領を失った長狭氏従類の嘆き、ひいては頼朝の挙兵によって滅亡の憂き目にあった多くの坂東武士たちの一族・家人たちの鬱念《うつねん》の中から、確立しつつあった「鎌倉殿」頼朝の南坂東支配を一挙に破綻《はたん》に追い込もうとする意志がわき起こるであろうことは容易に想像されるところであって、常澄を「精忠《せいちゅう》の臣」などととらえるのは短絡にすぎるといわざるを得ない。

この養和元年の段階では、平家はなお都にあって頼朝と木曾義仲の追討を策しており、頼朝が抹殺されれば鎌倉の政権はあっけなく空中分解し、混乱に乗じて親平家勢力が復権することも不可能ではなかったかもしれないのである。

それにしても、鎌倉政権の成立が、坂東における在地勢力間の対立抗争の解消という結果をもたらすものであったとすれば、左中太常澄の行動は、敗北者の側に回った坂東武士たちの、あたかも「歴史」に対するデモンストレーションのように思われる。

敗れし者たちの行方

頼朝の挙兵によって相模の大庭景親《おおばかげちか》や下野の足利俊綱《あしかがとしつな》をはじめとする多くの有力武士が坂東の地から姿を消した。また、情勢判断を誤って平家方に与《くみ》したり、頼朝への参向を躊躇《ちゅうちょ》したためにかろうじて本宅のみを安堵《あんど》された武士の多くは、その存続を保つために有力御家人の被官《ひかん》となっていった。

たとえば、石橋山合戦で頼朝に敵対した長尾定景《ながおさだかげ》は、頼朝に降伏の後、身柄を三浦義澄に召し預けられるが、やがて三浦氏の家人となり、両総平氏の一族でもともとは千葉氏と対等の関係にあった弥富忠茂《いやとみただもち》・白井忠光《しらいただみつ》は、文治五年の奥州合戦の後、千葉常胤が勲功賞として与えられた陸奥国好島庄《よしまのしょう》（福島県いわき市）に代官として入部している。また、同じく両総平氏一族で下総国三崎（海上）庄を領し常陸国鹿島郡片岡を名字の地とした片岡常春《かたおかつねはる》も、以下のように鎌倉政権樹立の波に翻弄《ほんろう》されている。

養和《ようわ》元年（一一八一）三月、源頼朝は片岡氏が平家方の常陸佐竹氏の姻戚であることから、常春を召還しようとした。けれども、常春がこれに応じなかったため、その所領は没収されてしまう。

その後、ゆるされた常春は、義経のもとで平家の追討に従い、壇ノ浦合戦では、失われた神璽《しんじ》発見の功績を立てた。しかし、文治元年（一一八五）十月、再び頼朝から佐竹氏と同心して謀叛を企てたことを疑われて三崎庄を没収され、翌月、頼朝と対立して大物浦《だいもつのうら》から西海に逃れ出ようとした義経に随行している。

『吾妻鏡』によると、文治五年三月にいたって三崎庄は常春に返還されたというのだが、十三世紀初頭の段階でこの地は東胤頼《とうのたねより》（千葉常胤の子）の子孫の所領となっているので、片岡氏は奥州合戦の前後に滅亡したものと思われる。ちなみに『義経記』では、常春は義経の北国落ちに従い、平泉で討死をとげたとされている。

頼朝政権の実態――エピローグ

坂東武士のルーツ

多くの坂東武士のルーツは、平安前期に群盗蜂起《ほうき》鎮圧兵力として配置された王臣軍事貴族と、王朝国家体制下、徴税のための暴力装置として下向して国衙《こくが》に基盤を築いた受領郎等《ずりょうろうどう》（五位クラスを含む）にあった。受領郎等のすべてが武を事としたわけではないが、『小右記《しょうゆうき》』正暦《しょうりゃく》元年（永祚二年〈九九〇〉）八月三十日条に、筑前守《ちくぜんのかみ》藤原知章《ともあき》が任地到着の直後に子息および郎等従類《じゅうるい》三十余人を病によって一度に失ったために辞職を余儀なくされたという記事がみえ、受領の引率した郎等はかなりの数にのぼったもののようである。

受領郎等として下向し、地方軍事貴族化した存在としては『陸奥話記《むつわき》』に登場する平《たいらの》永衡《ながひら》や藤原経清《つねきよ》（清衡の父）が知られる。これらは院政期に加賀守《かがのかみ》藤原為房《ためふさ》の郎等として下向し、同国検非違所《けびいどころ》に任じた平正盛《まさもり》のように、常に都の武士によって再生産される側面がみとめられる。同じ時期に坂東に進出した河内源氏《かわちげんじ》諸流は、こうした在地勢力を上から編成するような形で勢力を広げたが、やがて相互にテリトリーを争ったり、彼らを迎え入れたはずの旧勢力と齟齬《そご》を生じるようになった。

武家の棟梁として、このような状況を克服したのが源義朝であった。彼もまた、都から連れ来たった首藤《すどう》・大中臣《おおなかとみ》氏《し》を、それぞれ相模国山内庄《やまのうちしょう》、武蔵国六浦庄《むつらのしょう》・常陸国中郡《ちゅうぐん》に配置しており、両者の子孫は、鎌倉幕府成立後も有力御家人山内《やまのうち》首藤《すどう》氏《し》、那珂《なか》・中郡《ちゅうぐん》氏《し》として活躍する。さらに源頼朝に流人時代から仕えた佐々木氏は、もとは近江《おうみ》の武士であり、挙兵に参加した加藤氏も伊勢を本国とする武士で、ともに平治の乱後、武芸をもって東国武士の家に寄留していた存在であった。

こうしてみると、治承《じしょう》四年（一一八〇）、源頼朝を首長として鎌倉に樹立された政権が、純粋に坂東の大地に育った武士たちの輿望《よぼう》を担った権力であるという通説的な理解には、いささか疑問を感じざるを得ない。

頼朝の政権の中枢を構成したのは、中原（大江）広元をはじめとする京下りの吏僚《りりょう》や頼朝の乳母《めのと》関係者（比企《ひき》・安達・山内首藤・土肥《どひ》・小山・宇都宮など）であり、頼朝を婿に迎えた北条氏も京都貴顕と婚姻を結び、深く流通にも関与するという、東国武士としては相対的に特殊な存在だった。

むしろ頼朝は、政権確立の過程で、純粋な在地生え抜きの坂東武士の代表者たる上総広常（良文流平氏）や足利俊綱（秀郷流藤原氏）を粛清し、庶流の千葉氏・小山氏を嫡流としてその正統性を付与し、みずからの築いた体制の中に編成しているのである。

源氏将軍と坂東武士の神話

国家的な「武」の担当者の地位につくと同時に京都政府から空間的に自立するという一見矛盾した立場を志向した頼朝は、その存在証明を「大《たい》将軍《しょうぐん》」の地位に求めた。

従来、頼朝は臨戦体制下に設置されて天皇大権を代行しうる「征夷大将軍《せいいたいしょうぐん》」の官職を望んだように考えられていたが、これが誤りであったことは、最近、国文学者の櫻井陽子氏によって実証されている（「頼朝の征夷大将軍任官をめぐって」『明月記研究』九号、二〇〇四年）。

しかし、「大将軍」を望んだ頼朝に対して朝廷が征夷大将軍の官で応じたことは紛れもない事実であり、それが京都側の何らかの意図に基づくものであるかどうかは別に考える必要があるにしても、結果的にこれが長く幕府首長の正当性を保証する肩書きになったことは間違いない。

征夷大将軍は、現実にそれまで藤原秀衡などが任じていた鎮守府将軍を超え、非常時に天皇に代わって軍事動員を行う権限を含むものであり、「夷」を国家や王権に敵対する存在として規定することによって、日本国総守護たるみずからの職権を如実に表象し、正当化できる官職だったのである。

鎌倉幕府は御家人役の賦課を円滑化するために惣領制《そうりようせい》（惣領を中心とした族的結合）の体制化をはかった。惣領制は幕府成立以前からの東国武士社会における慣行《かんこう》に基づくものであったが、その段階では惣領（家督）の地位は直系子孫に継承されるとは限らず、惣領の地位には国衙《こくが》の在庁所職《ざいちょうしょしき》や一族全体の先祖と守護神の祭祀権《さいしけん》などが付随したので、その地位をめぐって同族間の抗争も激しかった。頼朝の挙兵はそのような間隙《かんげき》をうまくついたもので、幕府の成立は、同族間抗争を清算し、嫡家が固定されて惣領の地位はその本領に由来する家名とともに継承されることになった。

これと同様に、幕府の首長「鎌倉殿」も固定されて、その正当（正統）性は源氏の血に求められた。摂関家出身の四代将軍頼経《よりつね》の妻に頼家の娘竹御所《たけのごしょ》が配されたのも、彼の鎌倉殿としての正当（正統）性を補完する意味があったものと思われる。

川合康氏が明らかにされたように、坂東の武士が頼義以来一貫して河内源氏嫡流に従属する存在であったというイデオロギーはすでに頼朝の時代から主張されていた。すなわち、文治五年（一一八九）の奥州合戦は、単に平泉藤原氏を武力をもって討滅するのみならず、源頼義による前九年合戦の勝利を日程にいたるまで再現して御家人たちに源氏の東国支配の正当性と東国武士団の源氏に対する譜代の従属関係を確認させ、さらに列島規模の軍事動員によって御家人の忠誠心を試す、という計算されつくしたシナリオに基づく「政治」そのものだったのである（川合康『鎌倉幕府成立史の研究』校倉書房、二〇〇四年）。

さらに、北条氏をはじめとする有力御家人も源氏との関係をその優越性の根拠とした。安達宗景《あだちむねかげ》が、曾祖父景盛《かげもり》が実は頼朝の子だと称して源氏に改姓したという『保暦間記』の話はその端的なケースである。北条氏の先祖平直方《なおかた》が源頼義を婿にして鎌倉の屋敷を譲ったことをモデルとし、あたかも前九年合戦と奥州合戦の関係のごとく、時政が頼朝との間でそれを再現しているのは、執権としての北条氏の正当化に大いに資するものがあったはずである。頼朝＝頼義・時政＝直方・政子《まさこ》＝直方女という図式である。頼朝と政子の間に生まれた頼家の名は義家を意識したものであろう（拙稿「国家と武力―中世における武士・

図53　三浦義明坐像（神奈川県・満昌寺所蔵）

武力」『歴史評論』五六四号、一九九七年）。

三浦氏の場合は、頼朝挙兵の際に惣領義明が「源家累代の家人として」老命を子孫の勲功のためになげうったという神話がつくられ（『吾妻鏡』治承四年八月二十六日条）、千葉氏の場合は常胤が頼朝の挙兵に感涙《かんるい》をもって応じ、頼朝に父と慕われたことを正統なる武家としてのアイデンティティーとしたのである（同九月九日・十七日条）。このような事大主義が坂東武士勢力の伸張とともに列島各地に拡散していったことはいうをまたない。ある西遷《せいせん》東国御家人の子孫は、先祖が頼朝に肩を押さえられて「心安キ者」といわれたという、ただそれだけのことを家の名誉として置文《おきぶみ》に記している（『小代《しょうだい》文書』）。

かくして武家の棟梁＝源氏という呪縛《じゅばく》は、鎌倉幕府倒壊の軍事的主役の地位を源氏の血を引く足利・新田氏に委ねたのである。

あとがき

　生まれてより三十数年を過ごした千葉を離れて京都に移り住んだのは、一九八六年の春。ここで、あたかも平家時代の大番役のように三年、それから南国鹿児島で五年、ついで再び千葉で六年を過ごし、二〇〇〇年の春、京都に戻って今にいたる——というのが、私の生活地の移動歴である。今年で、京都での生活は通算すると十年に及ぶことになった。

　ところで、私の歴史好きは小学生の頃に始まる。家の近くに千葉氏ゆかりの史跡が多かったことに影響されたらしい。そして、その千葉氏がもっとも光彩を放った鎌倉幕府草創の時代に関心を深めていったのである。少年の私にとって、千葉氏をはじめとする東国の武士は、堕落・退廃した貴族社会を打破し、新しい歴史を切りひらいてゆくヒーローであり、彼らを束ねて幕府を樹立した源頼朝は、その偉大なるリーダーのようにとらえられた。こうした認識は一般に敷衍《ふえん》していたものであり、戦前・戦後の並み居る歴史学者たちも、基本的には一貫して、このような視角から、この時代の歴史を語ってきた。

ところが、大学に入って坂東武士を卒論のテーマに選び、その成立過程を史料に求めて忌み嫌っていた貴族の日記を紐解《ひもと》くと、意外や意外、坂東・東国の武士は京都でしきりに活動していることがわかった。坂東武士というのは無学で粗野なのかと思っていたら、歌人を輩出している家まであるではないか。

こうした事実を発見して、ようやく何か従来の理解に違和感を感ずるにはいたったものの、しかし、この段階では基本的に東国の武士と京都の貴族を対立的にとらえる見方に変化はなかった。最初の論文集である『坂東武士団の成立と発展』（弘生書林）や、その内容を一般向けにした『鎌倉の豪族Ⅰ』（かまくら春秋社）は、この時期の成果によった著作である。

そのような見方に大きな変更をせまられたのは、冒頭に述べた一九八六年以降の移住体験によるところが大きい。史料によって得られた知識が体感とシンクロしたのであろう。また、中世考古学の研究の進展などを背景に、しばしば学界で提示されるようになった「在京活動」「地域間交流」「流通」「生産」「都市」などというキーワードが、粗暴だが純粋素朴で「坂東の大地にしっかりと根を下ろして……」というような坂東武士のイメージを相対化していったのである。これと並行して、「貴族は悪者で東国武士はエライ」という少年時代以来の〝信仰〟も転向を余儀なくされた。このことは『武家の棟梁の条件』(中公新書)に示したとおりである。

本書は、こうした私自身の武士認識の遍歴を踏まえて、ともすれば一方的に東国からの視角で語られがちな源氏の活動と坂東武士団の展開過程について、京都との関わりや広域的な活動を評価する立場で述べたものである。また、源氏の活動については、中央の政局との関わりや在地紛争の調停者としての機能を重視した。

中世前期の坂東・東国の武士たちは積極的に京都に出仕し、そこで得られたネットワークを活かしながら広域的な活動を展開していたのである。そうでなければ、平家追討戦のような列島規模の軍事行動は行い得なかったであろう。千葉の地元で素朴・実直なイメージで語られる千葉常胤《つねたね》も、はるばる九州に渡って「鎮西守護人《ちんぜいしゅごにん》」として占領地軍政をこなしたり、上洛して都の治安維持にあたったりしている。平家滅亡後、その有力家人であった平貞能《さだよし》が宇都宮朝綱《ともつな》を頼ったという有名なエピソードからもうかがわれるように、東国武士と西国を本拠とする平家直属の武士との間にも「一所傍輩《いっしょほうばい》」の関係ができ上がっていたのである。したがって、戦場で東国武士と西国武士が対峙した際、その戦闘形態にそれほど大きな相違はなかったと考えるべきであろう。

ところで、平治の乱の後、東国の武士たちは大番役を勤めたり平家や院に出仕するために上洛し、活発な在京活動を行ったのであるが、その具体的な空間は、平家の本拠である六波羅《ろくはら》や後白河院の住んだ法住寺殿《ほうじゆうじどの》であった。

現在、私の勤務している京都女子大学は、その双方の遺跡を見渡すことのできる東山《ひがしやま》の斜面に立地する。ここで私は履修課程（単位）とは関係のないゼミナールを開いている。所属大学に関わりなく、中世前期の歴史や文学に関心を持つ院生や学部生、さらには一般市民も参加する自主ゼミのようなものである。

ここで、なぜそのような話を持ち出したのかというと、全国各地を出身地とする彼らが、十二世紀末の六波羅や法住寺殿で「一所傍輩」の関係を結んでいた地方武士たちの姿とオーバーラップして見えるからである。

もっとも、私自身も「一所傍輩」の縁に助けられている。一九八六年から京都で過ごした三年の間に好誼を得た方たちとの関係は、今日の私の大きな支えである。とりわけ、元木泰雄氏には、京都大学の研究室で月一回開かれる研究会に参加させていただいており、ここで元木氏や美川圭氏、院生の方たちから中世前期政治史に関する最新・最高の研究成果をうかがう機会を得ているのは何とも有り難いことである。その恩恵は本書の随所に反映されているはずである。

ちなみに、人の縁ということでいえば、本書の編集を担当していただいた伊藤俊之氏が青山学院大学史学科の後輩であったというのも奇遇であった。また、本書の校正に際しては学部時代から当方のゼミで活躍し、現在は元木研究室に所属する長村祥知氏のご援助を得た。伊藤・長村両氏に記してお礼を申し上げたい。

最後にどうしても述べておきたいのは、恩師貫達人先生のことである。中世前期の研究に携わる者ならば「源氏と坂東武士」というフレーズを耳にして、先ず想起する研究者は貫先生だと思うからである。貫先生がもう少しお若ければ、当然お書きになるべきタイトルの本を刊行できたことに、今、不肖の教え子として、大きな僭越《せんえつ》と少しばかりの満足を感じている。先生は、果たしてこの本に及第点をつけてくださるだろうか。

二〇〇七年春分の日

宇治の寓居にて

野　口　　実

主要参考文献

石井　進『鎌倉武士の実像』（『平凡社選書』一〇八）、平凡社、一九八七年
弥永貞三編『貴族と武士』（『図説日本の歴史』五）、集英社、一九七四年
馬の博物館編『鎌倉の武士と馬』名著出版、一九九九年
上横手雅敬『日本中世政治史研究』塙書房、一九七〇年
上横手雅敬「院政期の源氏」御家人制研究会編『御家人制の研究』吉川弘文館、一九八一年
岡田清一編『河越氏の研究』名著出版、二〇〇三年
河合正治『中世武家社会の研究』吉川弘文館、一九七三年
川合　康『源平合戦の虚像を剝ぐ』（『講談社選書メチエ』七二）、講談社、一九九六年
川合　康『鎌倉幕府成立史の研究』校倉書房、二〇〇四年
五味文彦『院政期社会の研究』山川出版社、一九八四年
米谷豊之祐『院政期軍事・警察史拾遺』近代文藝社、一九九三年
下向井龍彦『武士の成長と院政』（『日本の歴史』七）、講談社、二〇〇一年
須藤　聡「平安末期清和源氏義国流の在京活動」『群馬歴史民俗』一六、一九九五年
須藤　聡「奥羽周辺地域の武士団形成」『群馬歴史民俗』二三、二〇〇二年
髙橋昌明『清盛以前』増補・改訂版、文理閣、二〇〇四年

竹内理三「相模国早河荘（2）―その武士―」『神奈川県史研究』九、一九七〇年
戸田芳実『初期中世社会史の研究』東京大学出版会、一九九一年
中込律子『埼玉県史調査報告書　坂東八箇国国司表』埼玉県県民部県史編さん室、一九八七年
貫達人編『鎌倉の幕府』（『図説日本の歴史』六）、集英社、一九七四年
貫　達人「武家の棟梁」貫達人・三山進編『国文学　解釈と鑑賞』別冊・鎌倉のすべて、至文堂、一九八六年
野口　実『坂東武士団の成立と発展』弘生書林、一九八二年
野口　実『鎌倉の豪族Ⅰ』かまくら春秋社、一九八三年
野口　実『武家の棟梁の条件』（『中公新書』一二一七）、中央公論社、一九九四年
野口　実『中世東国武士団の研究』高科書店、一九九四年
野口　実『武家の棟梁源氏はなぜ滅んだのか』新人物往来社、一九九八年
野口実編『千葉氏の研究』名著出版、二〇〇〇年
野口　実『伝説の将軍　藤原秀郷』吉川弘文館、二〇〇一年
野口　実「坂東平氏と『平家物語』」『軍記と語り物』三八、二〇〇二年
野口　実「豪族的武士団の成立」元木泰雄編『院政の展開と内乱』（『日本の時代史』七）、吉川弘文館、二〇〇二年
能登健・峰岸純夫編『浅間山火山灰と中世の東国』（『よみがえる中世』五）、平凡社、一九八九年
福田以久生『駿河相模の武家社会』清文堂、一九七六年

福田豊彦『千葉常胤』(『人物叢書』一六七)、吉川弘文館、一九七三年
目崎徳衛『貴族社会と古典文化』吉川弘文館、一九九五年
元木泰雄『武士の成立』(『日本歴史叢書』四九)、吉川弘文館、一九九四年
元木泰雄『院政期政治史研究』思文閣出版、一九九六年
元木泰雄『平清盛の闘い』(『角川叢書』一四)、角川書店、二〇〇一年
元木泰雄「源義朝論」『古代文化』五四―六、二〇〇二年
元木泰雄『保元・平治の乱を読みなおす』(『NHKブックス』一〇一七)、日本放送出版協会、二〇〇四年
安田元久『日本初期封建制の基礎研究』山川出版社、一九七六年
山本幸司『頼朝の精神史』(『講談社選書メチエ』一四三)、講談社、一九九八年
山本幸司『頼朝の天下草創』(『日本の歴史』九)、講談社、二〇〇一年

(すべて副題は省略)

関連年表　坂東武士の展開と源氏による統合

八七〇

八〇　上総で俘囚反乱　東国の賊主物部氏永蜂起

平高望、上総介として下向

九〇　坂東に僦馬の党が横行

九〇〇

一〇　下野で藤原秀郷追捕される

武蔵で前権介源任が国府を焼く

二〇　下野で藤原秀郷再び濫行

三〇　**平将門の乱**の鎮圧に平貞盛・公雅、藤原秀郷ら功あり

四〇

群盗蜂起

①軍事貴族の配置

地方軍事貴族間の抗争A

②平氏・藤原氏、中央へ

五〇

六〇

中央軍事貴族へ←

安和の変で藤原千晴（秀郷の子）失脚

七〇

前武蔵介藤原千常（秀郷の子）と源肥、坂東で合戦

八〇

平繁盛（貞盛弟）と平忠頼・忠光（良文流）が坂東で抗争

九〇

一〇〇〇

一〇

刀伊の入寇に平為賢（貞盛流）・致行（公雅流）らが活躍

二〇

平忠常の乱

平直方（貞盛流）、忠常の追討に失敗

源頼信、追討に成功　源頼義、平直方の婿となる

→荒廃

三〇

地方軍事貴族間の抗争B

（中央）←公雅流・貞盛流平氏
‖
（地方）←良文流・繁盛流平氏

（中央）←秀郷流藤原氏

安倍氏
〈奥羽〉
清原氏

③源氏による統合Ⅰ

四〇

五〇

六〇

七〇

八〇

九〇

一一〇〇

一〇

二〇

三〇

〈寛徳荘園整理令〉

再開発

前九年合戦

後三年合戦

在地領主制の形成

常陸大掾氏（平繁盛流）

源義光と源義国、坂東で合戦（一一〇六）

佐竹
武田

足利
新田

浅間山噴火（一一〇八）

秀郷流渕名氏による「女堀」の開さく

源氏の坂東留住

鎌倉景正（平良文流）、相模国大庭御厨を伊勢神宮に寄進（一一一六）

千葉常重（平良文流）、下総国相馬御厨を伊勢神宮に寄進（一一三〇）

佐藤←（中央）

足利・小山・渕名←（地方）

藤原氏

四〇

源義国、下野国足利庄を安楽寿院に寄進（一一四二）

このころ秀郷流足利氏と源姓足利氏が在地で対立

源義朝、相馬御厨をめぐる上総・千葉氏の係争に介入（一一四三）

源義朝、相模国大庭御厨に押妨（一一四四）

五〇

源義平、武蔵で源義賢を討つ（平良文流秩父氏の同族間抗争）（一一五五）

→上総・三浦・中村・波多野氏らの支持

保元の乱

④源氏による統合Ⅱ

新田義重、上野国新田庄を藤原忠雅に寄進（一一五七）

源義広、常陸国信太庄に留住（一一五八以降）

平治の乱

六〇

源頼朝、伊豆に流刑

相模国の杉本義宗（三浦氏）、安房国で長狭氏と合戦（一一六三）

⑤平家による再編

上総氏一族の伊南常景が弟の印東常茂に討たれる（一一六三―六五ころ）

七〇

八〇

治承・寿永内乱　源頼朝挙兵、鎌倉政権樹立

⑥源氏による統合Ⅲ

奥州合戦（一一八九）

九〇　源頼朝、上洛して国家守護権を獲得
　　　源頼朝、征夷大将軍となる(一一九二)

著者紹介

一九五一年、千葉県に生まれる
一九七三年、青山学院大学文学部史学科卒業
一九八一年、青山学院大学大学院文学研究科史学専攻博士課程修了
現在、京都女子大学名誉教授、同大学宗教・文化研究所客員研究員、文学博士

主要編著書
『伝説の将軍　藤原秀郷』（吉川弘文館、二〇〇一年）
『源義家―天下第一の武勇の士―』（山川出版社、二〇一二年）
『治承～文治の内乱と鎌倉幕府の成立』（編、清文堂出版、二〇一四年）
『東国武士と京都』（同成社、二〇一五年）

歴史文化ライブラリー
234

源氏と坂東武士

二〇〇七年（平成十九）七月一日　第一刷発行
二〇二二年（令和 四 ）六月一日　第五刷発行

著　者　野《の》口《ぐち》実《みのる》
発行者　吉川道郎
発行所　株式会社　吉川弘文館
東京都文京区本郷七丁目二番八号
郵便番号一一三―〇〇三三
電話〇三―三八一三―九一五一〈代表〉
振替口座〇〇一〇〇―五―二四四
http://www.yoshikawa-k.co.jp/
印刷＝株式会社 平文社
製本＝ナショナル製本協同組合
装幀＝マルプデザイン

ISBN978-4-642-05634-2

歴史文化ライブラリー

1996.10

刊行のことば

現今の日本および国際社会は、さまざまな面で大変動の時代を迎えておりますが、近づきつつある二十一世紀は人類史の到達点として、物質的な繁栄のみならず文化や自然・社会環境を謳歌できる平和な社会でなければなりません。しかしながら高度成長・技術革新にともなう急激な変貌は「自己本位な刹那主義」の風潮を生みだし、先人が築いてきた歴史や文化に学ぶ余裕もなく、いまだ明るい人類の将来が展望できていないようにも見えます。このような状況を踏まえ、よりよい二十一世紀社会を築くために、人類誕生から現在に至る「人類の遺産・教訓」としてのあらゆる分野の歴史と文化を「歴史文化ライブラリー」として刊行することといたしました。

小社は、安政四年（一八五七）の創業以来、一貫して歴史学を中心とした専門出版社として書籍を刊行しつづけてまいりました。その経験を生かし、学問成果にもとづいた本叢書を刊行し社会的要請に応えて行きたいと考えております。

現代は、マスメディアが発達した高度情報化社会といわれますが、私どもはあくまでも活字を主体とした出版こそ、ものの本質を考える基礎と信じ、本叢書をとおして社会に訴えてまいりたいと思います。これから生まれでる一冊一冊が、それぞれの読者を知的冒険の旅へと誘い、希望に満ちた人類の未来を構築する糧となれば幸いです。

吉川弘文館